あなたをぐんぐんしあわせに導く

運命の脚本の書きかえ方

三宅マリ

GENTOSHA

はじめに

誰もが「しあわせになりたい！」と願っています。

「しあわせになりたくない」という人は、世界中を探しても一人もいないはずです。

それなのに、私たちは、どうして、なかなか心から満足できる「しあわせ」をつかめないのでしょうか。

また、せっかくものごとが、うまくいきそうになると、いつも大きなミスをしたり、じゃまが入ったりして、あと少しのところで逃してしまう。

「それでは、しあわせになれない」とわかっていても、いつも同じことを繰り返してしまう。

あなたのまわりにこんな人、一人くらいいませんか？

もしかしたら、あなた自身どこか当てはまったりしませんか？


こんにちは。

私は、神戸でセラピストをしている三宅マリと申します。

16年間カウンセラーとして、さまざまなクライアントさんと向き合い、たくさんのお悩みを受け止めてきました。また、4歳のときに願った夢を叶え、4年前から講演活動をしています。


そんな中「しあわせになりたい」と願い、もがき苦しみながら、努力を続ける人たちが、なぜ、しあわせになれないのか、それは、長い時をかけ、私自身が身をもって問い続けてきた疑問でもありました。


どうしたら、ほんとうに「しあわせ！」と言える状態になれるのか。

その答えは、それぞれの心のなかにあったのです。

人は、知らないうちに、書き上げてしまった「運命の脚本」に沿って生きています。

脚本があなたをハッピーエンドに導いてくれることもあるでしょう。

でも、ときには、脚本があなたを縛りつけ、魂が望む生き方から遠ざけてしまうことがあります。


しかし、「運命の脚本」は書きかえることができます。

これこそが、本書で私が伝えたいことです。

もし、あなたが、心からしあわせになりたい、人生に変化を起こしたいと望むなら、本書で「運命の脚本」を見つけ出し、一緒に書きかえる旅に出ませんか？


本書を読んでくださる読者が一人でも多く、自身の脚本を書きかえ、本来のしあわせに向かって進まれるよう望んでいます。

あなたをぐんぐんしあわせに導く　運命の脚本の書きかえ方　目次

第1章　なぜ、思ったような人生を送ることができないの？

第2章　生き方を決定づける2冊の脚本

第3章

脚本の変更を妨げるのは、あなたを縛りつける鎖

第4章

自分の生きグセを振り返る

第5章 どうしたら人生のV字回復を起こせるの？

第6章　人生脚本をしあわせで彩るために

第7章 【事例集】「運命の脚本」を書きかえて、しあわせを引き寄せる

装幀：秦浩司（hatagram）
DTP：美創
出版プロデュース：株式会社天才工場　吉田浩
編集協力：中北久美子
塩尻朋子

第1章

なぜ、思ったような人生を送ることができないの?

神社で「不幸にしてください」と祈る人はいない

「しあわせになれますように」

初詣や観光などで、神社仏閣を訪れると、大抵の人はこう祈るでしょう。
受験、仕事、健康など、願いごとに違いはあったとしても、「よい結果が出ますように」という祈りは、突き詰めれば「しあわせ」を求めていると言えるでしょう。

では、反対の願いごとをする人は存在すると思いますか？

「どうか、私を不幸にしてください。しあわせになりませんように」

こんな願いごとをする人なんているはずない、と思ったかもしれません。
だけど、口で「しあわせ」を願いながら、実は自らを「しあわせ」から遠ざけている人はたくさんいるのです。

そもそも、あなたにとっての「しあわせ」とはなんでしょうか。

衣食住に不自由せず、気に入った品物を身の回りに置けることですか？
それとも、人から尊敬されるような、社会的地位や財産を手に入れること？
自慢できる伴侶や子どもに恵まれ、人からうらやましがられることでしょうか。

こうした幸せは、あなたをきらびやかに飾り立ててくれ、他人はそれを外から見て、あなたを「幸せだ」と判定してくれます。

その一方で、あなた自身は、ほんとうに何があなたにとっての「しあわせ」なのかはっきりと自覚しておらず、心の奥に、不満や不安を抱えているかもしれません。

私に悩みを相談しに来る方のなかには、口に出さないまでも、
結婚さえすれば、相手が幸せにしてくれる。

あの人が、変わってくれれば幸せになれる。
会社が昇進させてくれれば幸せになれる。
と、誰かや何かが幸せにしてくれるのを待っている人が少なくありません。
自分にとっての「しあわせ」が何かということに向き合わず他人任せにするなんて、
私からすればそれは「しあわせ」から逃げているとしか思えません。

あなたはどうですか?

ほんとうの「しあわせ」から逃げて、他人から見た表面的な幸せが「自分にとっての幸福」だと思って生きようとしていませんか?


自分のほんとうの「しあわせ」から目を背けるのは、「不幸にしてください」と祈り続けるのと同じです。

でも、「不幸」だと思えることが起きたとき、または、ふと心に迷いが生じたときにこそ、「しあわせ」について考えてみるチャンスです。

自分にとってほんとうの「しあわせ」が何であるかを知ることは、「しあわせ」に近づく、第一歩となるからです。

その生き方は、ほんとうに望んだものでしょうか？

私は、神戸を拠点にカウンセリングの仕事を始めて16年になります。
ここで私は、数多くのクライアントさんの心の悩みに耳を傾けてきました。
そうするうちに、多くの人は、「しあわせになりたい！」と切望しながら、その「しあわせ」がどこにあるのか、まったく見当がついていないように思えてきたのです。

一人ひとりの切羽詰まった訴えは、いつしか一つの疑問となって私に問いかけてくるようになりました。

「どうして、みんな思ったような人生を送ることができないのだろう？」

私のもとを訪れるクライアントさんは、誰もが一生懸命「しあわせ」を求め、それに向かって必死に努力しています。

それでもうまくいかないのはどういうことでしょう？


もしかしたら、今、必死になって追い求めているのは、ほんとうに望んでいる「しあわせ」ではないのでは？

それが「しあわせ」だと思い込んでいるけれど、実は心の深いところで望んでいるのは別のものではないでしょうか。

次第に、私にはそう思えてきたのです。

たとえて言えば、山頂を目指して山を登り始めたものの、雲の向こうに見えている頂は別の山のもの。そのため、山道を進むにつれてどんどん違うルートに迷い込んでしまうような感じです。

そんなとき、あなたはどうしますか？

一度山を下りてでも、望む山頂を目指し直しますか。

それとも、こちらの山頂でもそれなりにいい景色が見られるだろうし、このまま進んでみますか。

いずれにしても、やみくもに上を目指して歩いても、目指すところにはたどり着けません。

登山には地図と磁石が必要なように、「しあわせ」を求める旅にも、目指すべき「しあわせ」の明確なイメージと、そこに至る筋書きが必要なのです。

自分の魂は絶対にだませない

そういう私自身も、多くのクライアントさんと同じでした。

かつては自分の「しあわせ」についてカン違いしながら、必死にいつわりの「幸せ」をまっとうしようと、脇目も振らずに突き進んでいた一人です。

戦前の内閣総理大臣・山本権兵衛の玄孫として生まれ、なに不自由なく育てられた私は、幼少時から祖母との深いつながりの中で生きてきました。

この祖母の影響が内側から突き動かす大きな核となって、私の人生を左右してきたのです。

40歳で視力を失った祖母は、魂の導きに従って神道の教会を開き、教育福祉分野で大きな業績を遺しました。祖母は信者の前で教えを説くとともに、福祉施設でカウンセリングを行い、一人ひとりに寄り添った心の救済にも尽力しました。それらの功績で勲五等宝冠章を受章するなど、社会的にも高い評価を受けています。

祖母の活動に身近に接し、幼い頃から私は、

「おばあちゃまのようになりたい、おばあちゃまがしていることを、私もやる」

と心に決めていました。

ところが、そんな祖母が、私が11歳の年に亡くなりました。目標であり人生の師でもある大きな存在を失い、幼い私はいきなり迷いのなかに投げ込まれたのです。

指針を失った私は、その後、自分が幼い心に望んだ夢を封印し、そのまま大人になり、23歳という若さで結婚することになりました。

世間から見たら、幼い頃からずっと何の不自由もない生活をし、年頃になって結婚、

恵まれた生活を送る、幸せな若いお嫁さんだったのでしょう。

だけど、そうじゃないことは自分がいちばんよく知っていたのです。

気づかないふりをしていても、自分の心を完全に欺《あざむ》くことはできません。

どんなに世間が思う「幸せ」と自分の生活を同化させようとしても、どんなしがらみも理屈も通じなかった、幼い自分が心から望んだ思いは、

「それは違う！」

と、叫んでいたのです。

自分の「しあわせ」を見失ったまま、世間の「幸せ」基準に合わせて、そちらを一生懸命追い求めても、心が満たされるはずはありません。

私がどのようにしてその自己矛盾から抜け出したかは、後の章で詳しくお話しすることにします。

一般的な「幸せ」とほんとうの「しあわせ」は違うもの

私は、「幸せ」には、2種類あると思っています。

それは、一般的な「幸せ」とほんとうの「しあわせ」です。


一つは、世間一般で言われている幸福のこと。

もう一つは、一人ひとりの心が望む、ほんとうの幸福です。


私がここで言いたいのは、世間がいくら「幸せな人」だと言っても、あなたの魂が「しあわせ」でなければ、決してあなたが満たされることはないのだということ。

自分が「しあわせ」かどうかを決めるのはあなたです。

ところがやっかいなことに、あなたの脳はしばしば錯覚を起こします。

ほんとうは望んでいないのに、「これはしあわせなのだ」と思い込もうとするのです。

わが家の子どもたちが小学生くらいのときのこと。

毎年、年末は年賀状をたくさん送るのが恒例となっていました。

その年に行った場所、海外旅行や家族の思い出、その他絵に描いたように幸せな家族写真を「これでもか！」というくらいてんこ盛りにした年賀状です。

今、それらを引っ張り出してみると「いったい自分は何をアピールしていたんだろう」と不思議に思えてきます。

だけど振り返ればよくわかる、そのときの自分の心模様。

「幸せな自分」を友人に向け、他人に向け、世の中に向けて発信しながら、私は自分が間違っていないと思い込もうとしていたのです。

「優しくて贅沢させてくれる夫と、出来のいい二人の子ども。毎年いろんなところに旅行できる裕福な暮らし。家族はこんなに笑顔。ほらね、私はこんなに幸せ」

その実、私の深いところにある魂は、この状況に満たされていなかったのです。子どもの頃に描いた夢はそこに置き去りにされたまま、少しも顧みられていないから。

何かわからないけど心の奥をモヤモヤさせながら、それでも一生懸命自分が幸せだと思い込ませようとしている私の脳。

食い違ったまま、それぞれにもがく私の魂と脳は、思えばどちらもけなげで不憫《ふびん》でした。


今、世間で「SNS映え」という言葉が流行《はや》っているそうです。

食べたものをできるだけ美味しそうにスマホで撮って、みんなに発信する。それだけならいいのです。

だけどもしかしたら私の年賀状と同じように、そこに自分を欺く「幸せのふり」が入り込んでいないでしょうか。

幸せアピールの奥底にある心のありようを、振り返ってみませんか？


それはほんとうにあなたが望んだしあわせですか？

まずは自分の酸素を確保する

飛行機に搭乗すると、離陸前に必ず緊急着陸時の注意事項がアナウンスされますね。注意して聞いたことありますか？

私はあのなかで、酸素マスクが降りてきたときの説明を聞くたびに「なるほど！」と、感心します。

航空会社によって細かいところは違いますが、どこの説明でも、「酸素マスクが降りてきたら」「落ち着いて」「まず自分に酸素マスクをしっかり装着して」「それからお子様に装着させる」

という手順は同じです。

だけどちょっと不思議ではありませんか？

普通に考えれば、抵抗力がなく非力な子どもは真っ先に救助されるべきです。にもかかわらず、安全マニュアルではあえて「まず親」と明記しているのです。

これはどういうことでしょう？

理由はとても合理的です。

緊急時、おそらく多くの親は煙の充満する機内で、とにかくわが子に酸素マスクを着けさせようとすることでしょう。

揺れる飛行機の中、自身もパニックのあまり酸欠を起こしながら、恐怖に泣き叫ぶ子どもを押さえてマスクを装着させるのはきわめて困難です。手こずっているうちに、親が酸欠で先に倒れてしまうかもしれません。そうなれば、誰も子どもを守ることができません。

それを避けるためにも、まずは自分の酸素をしっかり確保する。そうしてこそ、自分より大切な子どもの命を助けることができるのです。


「自分の命を守らなければ、大切な人の命も守れない」

飛行機の緊急着陸時に限った話ではありません。よりよく生きるために心得ておくべき真理の一つだと私は考えています。つまり、

「自分がしあわせでないと、大切な人をしあわせにすることはできない」のです。

これは、特に子育て中のお母さん、この先母になろうとするすべての女性にぜひ、知っておいてほしいのです。

いつも子ども第一に考えて行動していると、つい「子どものために」が習慣になりがちです。それはもちろん、いいお母さんとして世間で評価される美点ですし、自分でも胸を張って誇ることができる立派な心がけです。

でもこういうお母さんは、何でも「あなたのためよ」と言いながら、実際には何かできないことを子どものせいにしている可能性があります。

また、子どもの自立心を奪ってしまうことも考えられるでしょう。

そんなお母さんが常に眉間に皺《しわ》でも寄せていようものなら最悪です。

子どもはきっと敏感に、

「お母さんは私の（僕の）ために、やりたいこともできないのだ」

という無言の圧力を受け取ることでしょう（親が子どもに与える影響に関しては、後の章で詳しくお話しすることにします）。

あなたがほんとうにいいお母さんになりたいのなら、するべきことはただ一つ。

何を置いてもまず自分がしあわせになること。しあわせのモデルを見せてあげること。

「私はしあわせよ！」

という心からのメッセージを発信するお母さんを見て、子どもたちは安心して自分の人生を歩み出し、しあわせになることができるのです。

「しあわせ」とは、潜在意識を喜ばせること

ここで再び根本的な問いかけです。

「自分をしあわせにする」ってどういうことでしょう？

それは「自分の魂の声にしっかり耳を傾けること」。

幼い頃に大好きだったこと。

それをしていると、時間を忘れて夢中になるもの。

子どもの頃、大きくなったらこうなりたいと夢見た自分。

大人の常識で考えれば「そんな夢物語」とか「絶対無理」とか思うけど、つい夢想してしまう理想の姿。

日常のことに流されて、普段は心のずっと奥底に隠れている思いが、ふと意識の上に現れることがあります。

そんなときこそ、「魂の声」に耳を傾けるチャンスです。

魂は「潜在意識」と言い換えることもできます。


潜在意識は、直感やイメージ、音楽や絵図や空間認識を司《つかさど》る右脳の領域で働きます。

これに対し、意識の表面に現れている顕在意識は、言語や計算、思考、論理を司る左脳の領域で働きます。

そして、右脳と左脳には大きな容量の差が存在します。

具体的には、左脳で思考するときの情報量は2000バイト、右脳の思考では1000万バイトと言われています。海の上に出ている岩礁が左脳、海面下に隠れて全体を支えているのが右脳というイメージでしょうか。

つまり、私たちは自分の意思で行動しているつもりでも、実際には潜在意識の膨大な情報に基づく大きな力が、行動を決めているのです。

この潜在意識を喜ばせることこそ、「自分をしあわせにする」最短の方法なのです。

では、どうすれば潜在意識の声を聞くことができるのでしょうか。

一般的に潜在意識は脳がシータ波を出している状態のときに最も自覚しやすいと考えられています。シータ波とは、4〜7ヘルツの脳波で、海馬周辺から発せられます。日常では寝入りばなのうつらうつらした状態といえばイメージしやすいでしょうか。

この状態では、短期記憶力が最大限に高まるとの研究結果もあり、受験や勉強法の強化に有効であるという研究も進んでいます。

同時にシータ波は、瞑想やヨガに入り込むときに発生するものもあり、潜在意識の声を聞くのはこの状態に近いと考えられます。

運命を変える勇気を持とう

普段私たちは潜在意識の願いに耳を傾けることなく（潜在しているのですから当然ですよね）、むしろ、潜在意識の中にある本当の自分の姿を知ることを避けながら生きています。

「ほんとうの自分を知るのは怖い」

「潜在意識の思いに触れて、自分が心から望むものに気づいてしまうのが怖い」

「気づいてしまった自分が、変化に駆り立てられるのが怖い」

そう思っているのです。

だから、多くの人は自分を深く知らなくてもいいように、忙しいと大義名分を作って、「お仕事モード」のなかに身を置いて暮らしています。この状態で優位なのがベータ波なのです。

特に日本人はこのお仕事モードが大好きです。ベータ波を出しまくっているうえに、お互いに世間の常識などで縛り合い、本質的な人間同士のつきあいを避けながら、社会が回っています。

それが常識。

そうしなくてはならない。

こうしてはいけない。

こうあるべき。

仕事に励み、自分の役割に没頭していれば、まっとうな社会人としてまわりから認められます。表面的で適度な距離のある人間関係は居心地よく、これまで歩んできた経験によって日常は滞りなく過ぎていきます。

でも、ここにとどまっている限り、ほんとうの自分を知り、人格を成長させることが困難なのも事実なのです。


今のあなたはどこにいますか？

恵まれた環境にいても、なぜだか満たされない思いを抱えていませんか？

自分の人生が思い描いていたように進んでいないと感じていませんか？

もしもそんな状態なら、勇気を出して潜在意識の奥に潜む「ほんとうの自分」を探す旅に出てみませんか？

次章からは、そのための大切な道先案内である「人生の脚本」についてお話しします。

第2章

生き方を決定づける2冊の脚本

誰でも「人生の脚本」に沿って生きている

私のカウンセリングは、ベースに「交流分析」の理論を用いています。

交流分析とは、アメリカの精神科医エリック・バーンによって1950年代に精神分析を土台に開発された心理療法の理論体系です。現在、企業や公的機関、学校から個人まで、人と人が関わる幅広い現場で心のケアに応用されています。

この交流分析の特徴的な理論の一つに、「人生脚本」という考え方があります。

人は、子どもの頃に描いた「人生の脚本」に沿って生きています。生きる過程で行き詰まったとき、自分を縛る鎖をほどき、不都合な脚本を書きかえ、ほんとうに望む人生を見つけましょうというものです。

この章では、人生を大きく左右する脚本のメカニズムについて、実例を交えながらお話しします。

脚本どおりに生きていると聞くと、自分の人生が何かの意思に沿って進んでいるような不思議な気持ちになるかもしれません。

でも、この脚本を書いたのは、他ならぬ自分自身なのです。

「覚えていないけど、一体いつそんなものを書いたんだろう？」

とあなたは思うかもしれません。

もちろんそうでしょう。脚本を書き上げるのは、子どもが8歳から12歳までの間のことなのですから。

この時期、子どもは日々の経験から、幼いなりに「人生はこういうもの、だから自分はこう生きよう」と、生き方の方針を決め、固めます
この方針に大きく影響を与えるのが、親の存在です。

子どもは、親に見捨てられたら生きていけないことを本能的に知っています。そこで、一生懸命、親の希望に沿った子どもであろうと役割を演じるのです。

親から繰り返し言われたこと。

自分が取った行動に対する親の反応。

これらは、子どものなかに一生消えない価値観や心のクセを刻み込みます。

わかりやすい言葉だけではありません。

たとえば、母親がふとしたときに見せた不機嫌な顔や、子どもには説明しづらい複雑な言動、無意識の振る舞いなども子どもは記憶していて、親好みの自分になるために学習を重ね、役を作り上げます。

こうした役作りを、交流分析では「人生脚本」といいます。脚本家が、ドラマや舞台のシナリオを書くように、人は自分を主人公に「人生の脚本」を書くと考えられているのです。

脚本作りは、無意識にしていることが多いので、私たちは子どものころに書いた脚本を気づかないまま使い続け、シナリオどおりに生活しているというわけです。

その「恥ずかしい」はどこから来るの？

子ども同士が仲良しだったママ友、栄子さんの話です。

彼女とはとても気が合って、子育てが終わり、子どもたちが高校生になっても友人づきあいは続いていました。

息子のヒロ君はとても優秀で、医学部を志していました。ところが、受験に失敗して二浪することに。

いつも、なんでも真面目に取り組む彼女のことだから、子育てにも全力投球してさぞ気落ちしているんじゃないか。だけど今はそっとしておいたほうがいいのか。しばらく連絡がない彼女のことを気にしていました。

そんな折、機会があって一緒にご飯を食べることになりました。

久しぶりに会った栄子さんは、気丈に振る舞ってはいるものの、やはり元気がありません。そして、沈んだ表情のまま言うのです。

「もう恥ずかしくて、恥ずかしくて、スーパーに行くのも嫌」

「何が恥ずかしいの？」

「だって二浪もして家にいるんだもん。恥ずかしくてしょうがない」

彼女は何度も、「恥ずかしい」という言葉を繰り返しました。

私は思わず言いました。

「何が恥ずかしいの、ヒロ君を恥ずかしいって言う栄子さんとご飯食べてる私が恥ずかしいわ。ヒロ君は素晴らしい子なのに、その子をダメって言うあなたがダメだと思うよ」

お互い幼稚園ママ時代からのつきあいです。彼女も本音を言うし、私も本音で返す間柄です。

見ると栄子さんは涙を流しています。

「……マリさんありがとう。みんなが腫れものに触るみたいに声かけてくれるけど、自分でもわかってたの。どこか違うって。そんなんじゃないって。

ヒロはいい子やし、恥ずかしいなんてこと全然ない。でも世間でうちの子は、落ちた、かわいそうってなってる。みんなに気を遣わせる自分が申し訳なくて」

受験生の母として、栄子さんは自分にかかるプレッシャーにずっと耐えてきたんだろうなと感じました。

それから2日後、ご主人から、長文のていねいな手紙が届きました。

そのなかで、次のように書かれていたのが、私の心を打ちました。

「妻が、何年かぶりに晴れ晴れとした顔をしていたので理由を聞いたら、この前あったことを話してくれました。ありがとうございました」

幼い頃に受けたメッセージはフィルターを通過する

ほどなく、私は栄子さんのカウンセリングを行いました。

潜在意識を探り、今の彼女が何を恥ずかしいと思っているのか、どうしてそう感じてしまうのか。

その理由は時をずっと遡《さかのぼ》り、本人の記憶からも消えていた幼少期にありました。

あるとき、親戚のおじさんが家に泊まったときのこと。お風呂に入ったおじさんは、栄子さんに洗面器を持ってきてほしいと頼みました。ところが、まだ小さい栄子さんには洗面器の意味がわかりませんでした。するとお母さんは、

「そんなことも知らないの、恥ずかしい子」

と、言いました。すっかり忘れていた幼い日のできごとです。それが、彼女の心の深いところにストンと入り込んでしまったのでした。

幼い心にはしばしばこういうことが起こります。

通常、顕在意識と潜在意識の境目には「クリティカル・ファキュリティ」と呼ばれ

る判断のフィルターが張られています。潜在意識が簡単に情報を取り込むことがないように防御されているのです。ところが、このクリティカル・ファキュリティは、8歳くらいになるまで形成されません。それ以前は、外部から入ってくる刺激や情報はフリーパスで顕在意識を突き抜けて、潜在意識はそれらをすべて受け入れてしまうのです。


洗面器を知らない自分が恥ずかしい。

人に対してちゃんとしていなければ恥ずかしい。

そんなふうに、お母さんからのメッセージを受け取った栄子さんは、何十年も潜在意識の奥に、この気持ちを閉じ込めていたのです。それが、息子の受験失敗というできごとに誘発されて「恥ずかしい」という感覚とつながってしまったのでした。

世間というものに縛られて「息子を恥ずかしい」と感じていたのは、実は幼いときに母から言われた自分に対する「恥ずかしい」を、身近なところに投影していただけだったのです。

このことに気がついた栄子さんは、恥ずかしいという気持ちからも、世間体を気にする心のクセからもきっぱり抜け出し、堂々と受験生の母を務めました。

そして翌年、ヒロ君は見事に超難関大学の医学部に合格したのです。

それにしても、幼い心が受け取る親からのメッセージはなんと強烈なことでしょう。

あらためて思い知らされたできごとでした。

「運命の脚本」はいつだって書きかえられる

そんな強烈な幼少期の脚本を、自分の心に合うように書きかえるのは不可能なのでは？

いいえ、そんなことはありません。

胎内記憶の研究で知られる産婦人科医・池川明先生は、著書の中で人間には「天命」「使命」「宿命」「運命」という4つの命が与えられていると説かれています。

この考え方は、自分の生き方を縛りつける「運命の脚本」を書きかえるうえで、とても大きなヒントをはらんでいます。

「天命」は、生きていくうえで最終的な目的のことです。誰しもこの人生の中でなすべき目的を持って生まれてきています。

「宿命」は、生まれた時代や環境、境遇、もともとの才能など。自分ではどうすることもできない最初から定められた設定です。

「運命」は、生きていく道筋とでもいうべきでしょうか。それぞれ背負った宿命をスタート地点に、最終目標ゴール地点に向かう旅をどう歩んでいくか。

そして、その旅のなかで与えられた役割が「使命」です。

サッカーにたとえると、キックオフでセンターサークルから蹴り出されたボールを、「ポテンシャル（宿命）」に応じて決められた「ポジション（使命）」の中で、コースを読んでパスしたりドリブルしたり、敵をかわしたりしながら「プレイを進め（運命）」、「ゴール（天命）」を目指す、そんなイメージです。

この4つの中で、プレイヤーが自分で判断し、変えていけるものはどの要素でしょうか。

「ゴール」を動かすことはできません。

能力は努力やトレーニングによって開花しますが、たとえば100mを11秒台で走る「ポテンシャル」は、持って生まれた肉体の特質によります。

「ポジション」は、自分の意思や希望はある程度尊重されても、最終的に配置するのは監督の判断です。

こう考えてみると、プレイヤーとして変えていけるものは、その時その場でどう動くかの選択、つまり「運命」ということになります。


人生というゲームの中で、どこをどう走り、どんなやり方でボールを奪い、どの選手と連携するのか、決めるのはあなた自身。

状況に応じていつだって変えることは可能です。

ただし、そのためには潜在意識に刷り込まれた思い込み、先入観を捨てて、ほんとうに自分が望んでいることを知る勇気と決断力が必要です。

ほんとうのところ、ゲームの序盤戦に未熟な経験値で書き上げたプレイプランなど、何度書きかえたって構わないのです。

けれど最初に作り上げた戦術に縛られ、おかしいおかしいと思いながら軌道修正ができないままゲームオーバーに陥るプレイヤーの多いこと。

もしもあなたが今、自分の生き方に少し違和感を覚えていても、大丈夫、ちょっとの勇気と決断で、脚本を書きかえることはできるのです。

まずはそのことをしっかり心に刻み込みましょう。

生まれながらに備えている「宿命の脚本」

「脚本を書きかえられるのなら、実は私に遺産を残してくれた大富豪のおじいちゃんがいて、身長があと10センチ高くなって、フランス人になる、みたいな感じに書きかえたいんだけど」

なんて思った35歳のあなた。夢を見ることはもちろん自由だけど。

でもごめんなさい、それは無理。

実はもう一つ、あなたの生き方を決定づける大切な脚本があります。こちらは決して書きかえることはできません。

それが、「宿命の脚本」。

前述の4つの命のなかで言えば、生まれた国や時代、性別、環境、もともと持っている素質や才能、つまりポテンシャルを定めた脚本です。

私は、人生は「運命」と「宿命」の2冊の脚本で動いていくと考えています。

生まれ、育ちや遺伝による素地は、自分自身ではどうしようもないことです。

宿命のなかには、素晴らしい素質もあるでしょうし、遺伝的な持病や身体的なコンプレックスなど、「こんなものはいらなかった」と思う素質もあるかもしれません。

たとえば、バスケットボールの選手になりたいのに身長が伸びないなど、自分のやりたいことに自分の素質が合っていない状態は、宿命と希望が違うから起こります。

「宿命の脚本」は、ときに残酷な現実となります。

しかし、「宿命の脚本」は、正面から向き合い、受け入れることで新たな道が開けるのです。

スポーツ選手で、体格的に向いていない部分を克服して一流になる人がいますが、それは自分の体の弱点を知り尽くしているからこそ、補うことができるのです。

たとえば、身長の低いバスケットボール選手がいたとします。

「私は背が低いから、派手なシュートを決めるポイントゲッターにはなれない。けれど、ポイントガードで、チームの司令塔になってゲームを組み立てることはできる」

と、発想の転換をして、ポイントゲッターに必要なドリブルなどの強化練習や戦術の研究を重ねれば、チームの要《かなめ》になれるかもしれません。

これは、「宿命の脚本」を受け入れたうえで、自分の可能性を追い求める前向きな「運命の脚本」を書いた結果と言えるでしょう。

受け入れることとあきらめることはまったく違います。

仮に、この選手が小学生の頃からことあるごとに両親に

「お父さんもお母さんも背が低いから、お前も背は伸びない。大好きなバスケットボ

ールで大成することは無理だ。かわいそうに」
と、言われ続けたらどうでしょう。
そのときに自分の「運命の脚本」に、「できない」と書いてしまうと、バスケット
ボールに向かうこの子の可能性はそこで終わってしまうかもしれません。
「そうか、背の低い自分にバスケットボールは無理だ」
と、あきらめた時点で道は断たれてしまいます。
身長はこれ以上伸びないという現実（宿命）を受け入れても、あきらめないことで、
次のステップに進む道が見えるのです。
あきらめが絶対的に悪いのではありません。
断念した先に別の道を見つけるなら、それもその子の選んだ道です。
親からの刷り込みやバスケ界の常識など、ものともしないくらいの情熱で、バスケ
ットボールにのめり込めるかどうか。それがなければ、この道は最初から違っていた
のだという考え方もできます。
受け入れるにせよ、あきらめるにせよ、「運命の脚本」を書きかえるためには「宿

命の脚本」と向き合い、そして自分がどこに向かうのか「ゴール」を自覚することが必要なのです。

宿命は人を自動的に「しあわせ」には運ばない

宿命という言葉は、とてもドラマチックなイメージです。宿命を「人には動かせない定め」と言うと、常人には背負いきれない重荷に感じられるかもしれません。

しかし、誰にでも宿命はあります。

ちょっとしたものでも宿命といえば宿命です。たとえば、手指が普通よりも長い、など、生まれ持った体の特徴も宿命と呼べます。普通の人にはどうということもない指の長さですが、ピアニストになりたいと熱望している人にとっては演奏に影響するのですから、人生を左右する要素になります。

宿命は人を自動的に「しあわせ」へと運んでいってくれるものではありません。たとえ、長い指を持っていても、ピアニストになるには、毎日長時間の血の滲《にじ》むような練習や、大きなプレッシャーと闘うコンテストへの参加など、努力の積み重ねが必要です。

こうした苦しみを味わいたくないと思い、生まれながらにピアニスト向きの指を持っている宿命から目をそらしたくなるかもしれません。

ずば抜けた素質を持っていても、それを開花させる努力がなければ、それは単なる宝の持ち腐れになってしまいます。

一流のスポーツ選手が大きな怪我やスランプを乗り越えながら活躍している裏には、激しい練習やトレーニングがあるでしょう。痛みや苦しみ、プレッシャーもつきまとうはずです。

だから、自分には素質があると薄々わかっていても、そこから逃げてしまう人もたくさんいます。

でも、それは、とてももったいないこと。

もしもそこに少しでも可能性があるのなら、とりあえずチャレンジしてみることで、ほんとうのしあわせへの道筋が見えてくるのです。

「宿命」を受け入れれば「運命」は切り開ける

生きていくなかで、どうしようもないことは限りなく存在します。

望みと違う状況や、置かれた環境に阻まれて、望んでいた夢が叶わないこともあるでしょう。

宿命として受け入れるには、あまりにもつらい経験をすることもあるでしょう。

私の祖母は、40歳で視力を失いました。

目が見えなくなったとき、祖母は100万回泣き叫んだと言います。それでも無理なものは無理なのです。どんなに泣き叫んでも、神様にお願いしても、再び目が見えるようになることはありません。

そこで祖母は考えました。

「人間の力ではどうしようもないことがある。

なるものはなる。ならないものはならない。

だけど、目が見えないから何もできないのではない。

私ならばこそ、選ばれたと考えよう。私ならばこそ乗り越えられると、神様が選んでくださった。

どうせそうなら喜んで引き受けて、私にしかできないことをやってみせよう」

それは、あきらめではなく受け入れだったのです。


自分に与えられたもの、降りかかるものは、たとえそれが自分にとってどれだけ不都合なことであっても、逃れることができない。お役目、めぐり合わせ、いわゆる宿命。

それを、

「なんで私ばっかり」

「なんでこんな目に遭うの？」

「あの人はいいわね」

逃げようとする心によって、より一層苦しめられることとなる。

心を決めて、

「〝私ならばこそ〟させていただける。よーし向き合わせていただこう」と考える。

心を裸にし信念を持ち、精一杯し尽くしたとき、ほとんどのことはよきに計らわれる。

〝ある〟もよし、〝ない〟もよし。それが私と受け入れる。

（昭和55年　木村輝　講演録音テープより）

なりますように、なりませんように。

人は祈り続けます。

私自身もいろんなことをずっと祈り続けてきました。

必死に祈り、自分の思いどおりに願いを叶えようとしたときもありました。

ですが、実際に返ってきた答えがどんなものであっても、この〈答え〉が来たかと、状況を楽しんで引き受けるようになったら、運命がどんどん好転していったのです。

コツを摑むと思惑が外れたときこそ、「ふうん、そうか」「楽しみ、さあやろう」と思えるようになってきました。必ず自分には最善の〈答え〉が返ってくると信じられるようになりました。

「宿命の脚本（すべきこと）」に、「運命の脚本（したいこと）」を、自然な形で添わせることで、人はしあわせへと導かれます。運命は自分が努力すれば変えられます。宿命は変えられません。

「どうせそうなら喜んで」

そうして、「宿命の脚本」を受け入れていけば、「運命の脚本」は魂が望む場所へ、あなたを運んでくれるはずです。

第3章

脚本の変更を妨げるのは、あなたを縛りつける鎖

脚本書きかえの障害となるのが「禁止令」

カウンセラーとして、いろんなクライアントさんの悩みに向き合っていると、ほんとうに人はそれぞれ唯一無二の人生を歩んでいるのだと感じます。

それぞれが潜在意識に書き込まれた自分の「宿命の脚本」「運命の脚本」に沿って、それぞれが思うしあわせを求めて一生懸命歩いているのです。

当然ながら、「このやり方をすればすべての人がしあわせになる！」というメソッドがあるわけではありません。ただ、しあわせに向かおうとするときには、それを阻もうとする力が働きます。この負の要因には、共通点が多いのです。

大切なのは、それを見つけて乗り越えること。

あなたが人生で自由に羽ばたくじゃまをしているものは何でしょう？

あなたがずっと昔、親に愛されるために書き上げた「運命の脚本」を、再び自分の手で書きかえるときに障害となるものは何でしょうか？

この章では、私のカウンセリング実例のなかから、あなたも知らず知らずのうちに縛りつけられているかもしれない、典型的な心の鎖＝「禁止令」についてお話しします。

代表的な12種の呪文はこれ

私たちが、本当に自分がやりたい生き方を貫こうとするとき、「禁止令」はなかなか手強い鎖となります。場合によってはがんじがらめに縛りつけ、自分でも理解できない方向にあなたを駆り立てることだってあります。

親から愛されなければ生きていけない子ども時代、「それをしたら（しなければ）愛してもらえない」と、まだ柔らかな潜在意識に刻み込まれるのですから無理もありません。

この「禁止令」の種類は無数にありますが、代表的な12の「禁止令」をアメリカの医学博士、ロバート・グールディングとメアリー・グールディング夫妻が整理しています。

～12の禁止令～

Don't exist
存在するな

Don't be the sex you are
男性(女性)であるな

Don't be a child
子どもであるな

Don't glow
成長するな

Don't succeed
成功するな

Don't do that
～するな

Don't be important
重要であるな

Don't belong
所属するな

Don't love. Don't trust
愛するな、信じるな

Don't be well
健康であるな

Don't think
考えるな

Don't feel
感じるな

どうでしょう?

子どもの頃に刻み込まれたこれらの「禁止令」、律儀に守っていたらとんでもない人生を送ることになりそうですよね。

「存在するな」なんて、どうしろというのでしょう?

「健康であるな」なんて、願う親がいるのでしょうか?

ところが、この「禁止令」に従って、本当に自分を傷つけ続けたあげく、命さえ投げ出してしまう「成長した子ども」だっているのです。

「たとえ直接の言葉ではないにしても、子どもに『死ね』とか『病気になれ』なんてメッセージを植えつける親なんて本当にいるの?」

そんな疑問を持つかもしれません。

だけど、もし、

「あなたが生まれたから、お母さん離婚しないでガマンしてるの」

などと、ずっと言われ続けたらどうでしょう?

あるいは、いつも忙しい親が、自分が病気になったときだけ、優しくしてくれたらどうでしょう?

「私がいたらお母さんはずっとつらいまま↓私がいなければお母さんは幸せなんだ」

「病気になれば構ってもらえる↓健康でないほうがいいんだ」

こんな馬鹿な話はないと思うでしょうが、子どもは、小さな経験値と未熟な対人スキルから一生懸命、答えを導き出します。

小さい「私」は、親から愛してもらうため、なけなしの知恵を使って、こんなにも、けなげにもがいているのです。

一杯の缶ビールが呼び覚ます恐怖

「禁止令」は、大人でもはっきりとは意識していない複雑な心模様を、敏感な子どもの感受性が受け取って作り上げてしまうことも多くあります。

潜在意識の中に眠り続けた「禁止令」が、あるきっかけで意識の上に出現し、思いもかけない形で暴れることもあります。

博美さんのお父さんはお酒が大好きでした。

3年前に肝硬変でこの世を去るまで毎日晩酌を欠かさず、しかも酔っ払うと前後見境なく暴れ回る、手がつけられないほどのアルコール使用障害でした。愛想をつかした母親は、博美さんが県外の大学に入ると同時に家を出て、それ以来博美さんと一緒に暮らしています。

博美さんは、そうなるまで、散々怖い思いをしてきました。酔っ払ったお父さんは家のものを壊し、家族に手を上げ、最後はベロベロに酔い潰《つぶ》れてひどい状態で眠りに就《つ》くのでした。

「お酒さえ飲まなければ、優しくて気のいい人なんだけどね」

荒れた家の中を片付けながら、お母さんの愚痴を聞くのが博美さんの夜の日課でした。

こんな家で育ったため、彼女は、

「絶対にお酒を飲まない男の人と結婚する」

という脚本を書き上げました。アルコールのせいで人生を破滅させつつあるお父さんと、それに泣かされるお母さんを見て育てば、お酒を「禁止令」にするのは当然でしょう。

でも、親の行状によって刻み込まれた彼女の「禁止令」は、あまりにも強烈でした。

成長した博美さんは、何度か恋愛を経験しました。

ところが、なぜだかつきあった男性が全員、アルコール使用障害になってその恋愛が終わるのです。彼女自身、顕在意識でもはっきりと「お酒を飲まない男の人と結婚する」と決めているにもかかわらず、お酒の問題は常についてまわりました。

交際が始まる前、必ず「お酒たくさん飲む人？」と確認して、そうじゃない人を選んできたつもりでした。にもかかわらず、みんなお酒にのめり込んでいく。これはどうしたことでしょう。


実は、彼女の潜在意識のなかでは恐ろしいことが起こっていました。

幼い頃からの経験で植えつけられたアルコールに対する恐怖が、逆に恐怖の対象を引き寄せてしまうという現象です。それはこんな具合です。

好きな人がお酒を飲まないと聞くと、心からホッとする博美さん。今度こそ、アルコールの介在しない幸せを夢見ます。

ところがある夏の暑い日、彼は外出から戻り、一息つこうとコンビニで買ってきた缶ビールを空けます。プハーッとのどごしを楽しんだ瞬間、博美さんが現れました。

「え、お酒飲むの？」

「いや、今日は暑いしちょっとビールが恋しくなっちゃって」

ここで彼女は幼い頃に刻み込まれた恐怖から、パニックになります。

「何やってるの！　嘘つき、なんでなの。あ、もう1本買ってある。2本も飲むつもりだったの？」

こうしてどんどん彼を追い詰めていくのです。

怖いことほど引き寄せる

博美さんは、恋人に対してずいぶん厳しく、まるでアメリカの禁酒法時代の警察官並みに飲酒を禁止しています。

なぜこんなことになってしまったのでしょう。それは次のようなプロセスを経て完成した脚本に書かれているからです。

子どもの頃の経験から自分で決めた「禁止令」に従い、彼女は「お酒を飲まない人とつきあえば、私は幸せになれる」という「運命の脚本」を書きました。でも、これは逆に言うと「お酒を飲む人とつきあったら、私は不幸になる」という脚本です。

悲しいことに、私たちは何かを意識すればするほど、それを引き寄せてしまう習性があります。たとえば「白いワニのことだけは考えるな」と言われた瞬間、白いワニの姿が頭の中にパッと描き出されてきませんか？

「部屋にある、赤いものは？」と、聞かれた途端、それまで、目に入らなかった、あらゆる赤いものが飛び込んでくるでしょう。

同じように、お酒と不幸のイメージが潜在意識のなかでつながっている状態で、恋人が一滴でもアルコールを口にしているのを見たら、その瞬間、彼女はもう不幸になっている未来だけを頭に描いてしまうのです。

冷静に考えてみたら、ビールを一缶空けたって、それほどの不幸に引きずり込まれるような事態にはならないはずです。彼にとっては、ただ心地よいのどごしとともに一日の疲れが一気に解消される、ちょっとした幸福感を味わうことができるくらいです。結構なことです。せいぜいもう1本買ってあるのを見つけたときに、

「飲みすぎないようにね、1本でやめといたら？」

と言って止めればそれですむはずです。

なのに恐怖に根ざした「禁止令」に縛られて、いつしか博美さんは「お酒を飲む人とつきあったら、私は不幸になる」ことばかりを、頭の中で強化し続けてしまったのです。

恐ろしいのは、博美さんが定めた強力な「禁止令」は、決して彼女一人の運命を左右しているだけではないことです。

そのため、たまにビール一缶でご機嫌になる程度だった恋人が、博美さんとつきあううちに、アルコール＝不幸になるというイメージに影響され、ビール一缶飲むだけで責め立てられるうちに、博美さんの筋書きに巻き込まれてしまったのです。

そして、彼女の潜在意識は、自分にさえも気づかせないようにひそかに巧妙に、恋

人を使用障害へと追い詰めていきました。

そうなれば、脚本どおりアルコール使用障害の男とつきあったばかりにしあわせになれない、悲しい自分が出来上がります。これを何度も繰り返し、博美さんは自分の脚本をどんどん強化してきたのです。

やってみたら、案外たいしたことないじゃない？

自分の過去の経験から受けた傷に、再び傷つけられることを恐れるあまり、反対の現実を引き寄せて、もがく博美さん。

そんな彼女に私が言ってあげたい言葉は一つ。

「12歳の脚本が不都合だと思ったら、いつでも書きかえたらいいの」

それが難しいのはよくわかります。長い間使っていた脚本を捨てるのには勇気がいるのもわかります。

簡単なことからでいいのです。階段を一段ずつ上るように、自分の中の禁止令をチェックして、よく吟味して、本当に必要かどうか確かめていきましょう。

まず、自分のなかで、

「これをしたら（しなかったら）、絶対にダメ！」

と、思っていることを一つ、思い浮かべてみてください。あ、もちろん犯罪とか反社会的なこと、自分や他人を傷つけることは除外ですよ。ただ自分では、何の疑いもなくダメと決めているルールのなかでも上位リストに入る項目を一つだけ、挙げるのです。

そして、それをしたら（しなかったら）誰が困るか、どんな不都合が起きるのか、じっくり考えてみましょう。

どうです？　案外たいしたことないと思いませんか？

では、ちょっとそれを実際にやってみましょうか。

たとえば、6時には子どもたちのために晩ご飯を用意しないといけないと思い、毎日仕事が終わってスーパーに駆け込み、全速力で家に帰るお母さん。

上の子が小学生高学年にもなれば、お腹《なか》がすいたら勝手に冷蔵庫を開けて何か作って食べるんじゃないですか？

子どもがまだ小さいうちからの習慣でしなくてはならないと思っているだけで、実際にはお母さんが一食作らなくてもさほど問題はないのです。


また、私には、こんな経験もあります。

ある日のお昼時。

「昼間からお酒を飲むなんてとんでもない」

と思っている友人とランチをして、私はあえてワインをオーダーしてみました。

「え、お昼だよ？」

と驚く友人に、

「イタリア人もフランス人も昼食のときでも水代わりに飲んでるよ。一杯ぐらい、飲んでみたらどう？」

と、勧めました。

「ええ、そんなことするの初めて。ほんとに大丈夫かなぁ。まわりの人はどう思うだろう」

「そんなの関係ないよ」

勧められるまま、おっかなびっくりワイングラスに口をつける友人。時が経つにつれいつもよりリラックスした様子で、会話もなめらかに進むようになりました。

「最初は〝信じられない〟と思ったけど、やってみたらいい感じ」

子どもが帰宅する夕方に、ベロベロに酔い潰れていたらそれはダメだけど、ちょっとご機嫌なくらいだったら、まったく問題ないんです。

自分を抑えて不機嫌でいるよりも、お母さんが楽しそうに夕食を作っていたら、子どもだってちょっと楽しくなるじゃないですか。

あなたがダメと思っていることの多くは、やったって（やらなくたって）まったく問題ないことです。とにかく一回やって（やめて）みましょう。

小さな変化かもしれないけど、それが縛りつけられている「禁止令」から自由に飛び立つ第一歩になるかもしれません。

条件付きで許可する、条件付きで禁止する

マンガやアニメやドラマなどで、

「オレ、この戦いが終わったら、あの子と結婚するんだ」

という台詞が出たら、この登場人物に「死亡フラグが立った」と言われます。

つまり、次のシーンで彼は銃弾に倒れるお約束。


「〜したら○○する」。あるいは、「〜するまで○○しない」。

このような条件付きの許可、あるいは条件付きの禁止令を、交流分析では「プロセス脚本」と言います。

「このプロジェクトを成功させるまで、お酒を飲まない」

「あの賞を獲ったら、海外旅行に行く」

そうやってモチベーションを上げるやり方は、効果的な自己啓発法としてごく一般的に行われています。

明確な目標に向けての決意表明ならいいのです。

問題は、「してはダメ」というところに潜在意識がフォーカスしてしまう場合です。

たとえば、「あの賞を獲ったら」という条件付きで「海外旅行に行っていい」という許可を出した場合。この人にとって、海外旅行は普通の状態では潜在意識では強い「禁止令」となっていたらどうでしょう。

「海外旅行へ行ってはいけない」という禁止令があまりに強いと、この禁止令を守ろうとするあまりに、潜在意識は賞を獲らせまいと働きます。

だからいつまで経ってもこの人が賞を獲ることはありません。そして、いつまで経っても海外旅行に行くことはなく、プロセス脚本は守られていくのです。

別の人は、「いいことのあとには必ず悪いことが起きる」というプロセス脚本を持っています。この人の場合、子どもの頃から学校でいい成績を取るたびに、親から、「調子に乗るな。こんなことで喜んで油断してると次は下がるだけだぞ」と、お尻を叩かれ続けた記憶が強烈に残っているのでした。

その結果、いいことがあるたびに自分に対して、

「有頂天になるな。このあときっと落とし穴がある」

と自分を戒めるクセがついてしまいました。その結果、潜在意識は「落とし穴がある」というメッセージをより強く受け取り、これを現実化しようとがんばるのです。

おかげで潜在意識が願ったとおり、いいことのあとに悪いことが必ず現実になり、彼はますますこの戒めは真実であると確信するのでした。

でも考えてみてください。

いいことって何でしょう？　あるできごとを「いい」と受け取るか「悪い」と受け取るかなんて人それぞれです。何を基準に「いいことのあとに悪いことが起きる」と決めるのでしょうか。

そう考えれば、この信念が自分で信じ込んだ迷信にすぎないとわかります。

代々続く脚本だって、実は書きかえられる

あなたがもし、「血筋だから変えられない」と思っていることがあるとしたら、決してそうではないことを、母から私、私から娘と三代引き継がれた私の脚本を例にお話しします。

私の母は、あまり感情を表に出さない人だったので、幼い私はそれがとても寂しく、不安で「ほんとうに愛されているのだろうか」「もっと、表現してほしい」と願い続けました。何でわかってくれないの、もっとこうしてほしいのに。

母親の関心と注意を引きたくて、反抗的な態度を取り続けました。

そう願う一方で、母の自慢の娘になりたいと思いながら、そうなれない自分を責め続けていました。

私は、自分が寂しかった分、母とは真逆に、愛情を過剰に表現しながら、してほしくてもしてもらえなかったことをすべて娘にしてあげようと思いました。

ところが、そんな私に幼い娘は徹底的に反抗しました。

どうしてだろう。娘には私の子どもの頃のような寂しさを味わわせたくないだけなのに。これってもしかしたら血筋？

そう考えているうちに、彼女の反抗する姿は昔の私そのものだということに気がつきました。これは「世代間伝達（親をモデルにして同じことをしてしまう）」なんだ。気がついたものの、どうやって断ち切ったらいいのか、私にはわかりませんでした。悩みながら、いろいろ試行錯誤を続けました。

そうして結局、母との関係を未消化にしたまま、娘との関係を整えることはできないと思い至ったのです。私は母に幼いときの気持ちを伝えようと決心しました。

「私はもっとママに愛してもらいたかった」

「何言ってるの、マリちゃん、ママはあなたのことを愛していたわ」

「え、そうだったの？」

母は母なりに私を愛してくれていたのです。その表現が子どもの私にはわかりづらかっただけで、私はちゃんと大切にされていたのです。

このときを境に、母といろんな話をしました。母を責めるのではなく、幼い私はこう感じていた、こうしてほしかったと伝えることができました。

その過程は、母と私の間に多少の摩擦を生じさせたけれど、二人を隔てていた距離は確実に縮まりました。

さらに不思議なことに、母との関係が改善されるに従って、私と娘の関係もうまくいきだしたのです。

娘が私に対して感じていることが何となくわかった気がしました。

私自身の中に、娘に対する恐怖心があったのです。

「私は娘にちゃんと接することができないのではないか？」

その恐怖心が、敏感に娘に伝わっていたのです。

母から娘に、そして孫娘に。脈々と受け継がれていく接し方のクセ。生き方のクセ。

「うちの家族はこんなだし、母はああいう人だから、私にはどうしようもない」ですまさず、気づいた人から断ち切ることができるのです。

先日、母がしみじみと言いました。

「マリちゃん、あなたはほんとうに子どもへの接し方が上手ね。すごいなと思っていたのよ。ママもあなたみたいにできたらよかったと思うのよ」

母が私を認めてくれたのです。

そのとき私は初めて、潜在意識の奥で「母に愛されたい、構ってほしい」と泣き叫んでいる幼い頃の自分を、今の自分が抱きしめてあげることができたと感じたのです。

代々書き綴られてきた脚本の矛盾に気がついたなら、今、自分の代で断ち切ることはできるのです。

第4章

自分の生きグセを振り返る

常識を疑ってみる

前章で、「これだけはやっては（やらなくては）ダメ」という自分ルールを一つとりだして、あえてそれをやって（やめて）みるという実験をしました。

案外どうってことないことがわかったのではないでしょうか。

そうしたら、今度は自分が「常識だ」と思っていることを、もっと探してみましょう。

小学生の頃には「みんなと仲良くしましょう」というルールがありました。

あなたは、ほんとうに出会う人つきあう人すべてと平等に仲良くしていますか？

「そうしています」と答えたあなたは、もしかしたらまわりの人全員と平等に距離をおいてつきあっているだけではないでしょうか。

「二・六・二の法則」って知っていますか？

あなたのまわりの人のなかで、2割はあなたが何をしても好きでいてくれる人たちです。6割は、あなたがいいことをしたら好きでいてくれる人たちです。残りの2割は、何をしてもあなたを嫌ってくる人たちなのです。

そう考えたら、万人に好かれるなんて不可能だとわかるでしょう。うわべだけの「いい人」になって毒にも薬にもならない存在でいても、ほんとうにあなたがしあわせになれるわけではありません。

タテマエで教えられた子どもの頃の常識を、後生大事に守る必要もありません。

「信号が赤になったら止まりましょう」

これはどうでしょうか。

社会秩序として絶対に必要なルールですよね。だけど、見渡す限りどこからも車が来ない、のどかな田舎町の小さな交差点で、信号だけが律儀に赤・青・黄と順に色を変えているような状況で、ほんとうに立ち止まって青信号を待つ必要はあるのでしょうか？

赤信号で車が来ない交差点を渡ろうとする人に対して、子ども連れのお母さんが、

「やめてください！　子どもが見ているんですよ」

と、叫ぶところを見たことがあります。

母親として子どもに「みんなが信号を守る安全な社会」を教えたい気持ちはわかります。だけど、それなら子どもに、

「あの人は渡ったけど、赤信号では本当は止まるのよ」

と教えればすむ話ではないでしょうか。

そのお母さんは、実は子どもの頃に親から「赤は止まれ」と教えられたまま、何の疑問もなく大人になって、自分が守っていることを、人が守らないのが許せないだけなのではないかと、私は思ってしまいました。

今挙げたのはほんの一例です。

もちろん、ルールを守ることは大切。でも、それが意味もわからないまま親から刷り込まれた「常識」だったら、一度は疑い、検証してみる価値はあります。「それが当たり前の常識でしょう」と、無条件にルールを守るのは、そのことに関する自分の判断を放棄していることに他ならないからです。

当たり前の常識を疑うこと。

それが、日常生活に縛られて凝り固まった思考回路を解きほぐす、「心のストレッチ」になるはずです。

心のクセを洗い出す

昔から「なくて七癖あって四十八癖」と言うように、人は誰もがクセを持っています。きっとあなたにも、すぐに思いつくクセが7つか8つはあるんじゃないでしょうか。

仕草や言動として表面に現れるクセは、その人の心のクセと密接につながっています。

心のクセが積み重なって性格を形成し、最終的に生き方や人生の方向性にまで影響を与えます。

しあわせに向かって「運命の脚本」を書きかえたいのなら、まずは自分の心のクセを知ることが大切です。

とはいえ、自分の心の奥底を探るのは難しいことです。まずは目に見える形で現れる仕草や言動のクセから、自分の心のありようをつかむことから始めましょう。そこから密接につながっている心のクセを洗い出すのです。

クセは、元はといえば自分を守るためについたものです。

たとえば、私は昔、とても臆病で警戒心の強い子どもでした。それが「椅子に浅く座る」という体のクセに現れていました。ご飯を食べるときも、学校で席に着いたときも、常に椅子に浅く座っていたのです。

大人になっていろんな経験を重ねて世界が広がり、子どもの頃のようにやみくもな警戒心は必要ないと理解できるようになりました。ところが、いまだに私には椅子に浅く腰掛けるクセが残っています。

このクセを自覚したとき、こんなに人前に出て、初対面の人ともめいっぱい話す仕事に就きながら、心のどこかにまだ、少しの人見知りや引っ込み思案が残っているのかなと思いました。でも、今では、それは特に悪いことではないと思っています。

幼い私はきっと、こんなふうに腰掛けて身を固くしながら世界を怖々見ていたんだと、その名残を愛おしく思いながら、今も椅子に浅く腰掛けて親しい人たちとご飯を食べたりしています。

こんなふうに、もとは自分を守るために身につけたものなのだと、今の自分が納得し、うまく折り合いをつけているのなら、クセはそんなに悪いものではありません。

でも、なぜそのクセがついたのかを知らないと、人とうまくいかなかったり思いどおりの生き方ができなかったりする場合もあります。

だから、あらためて自分のクセを自覚して、心のクセを見つけることが大切なのです。

口角アップキャンペーン実施中！

クライアントの夏美さんは、端正な顔立ちで性格も優しいのに、なぜか素に戻ったとき、いつも怒ったような顔になるクセがありました。

あるとき、夏美さんが一人で歩いていると、たまたま友人が彼女を見かけたそうです。ところが、

「あなたがあまりにも険しい顔をしているので、思わず目をそらして気づかないふりをしちゃった。何かあったの？」

と、あとから電話をかけてきたのです。

自分ではまったく怒っているつもりはなかったのですが、友人によれば「親の敵を討ちに行くみたいだった」そうで、夏美さんはさすがに落ち込みました。そういえば、学生時代は下級生から「怖い先輩」と思われていた節もあります。また、何でもないのに、

「どうしたの？　具合悪いの？」

と、聞かれることもよくあります。何よ失礼な！　と思っていたのですが……。

この一件で彼女は、普通にしているときの自分の顔をあらためて意識しました。

「確かに素の私の顔、怖いわ」

そして、私のカウンセリングで自分の心の内側をもう一度振り返ってみたのです。

夏美さんは昔からいつも何かと闘ってきました。生来の正義感から、間違ったことをしている人を見ると一言言わずにはいられません。違うと思えば目上の人にでも食ってかかり、正しいと思ったらテコでも考えを変えません。

年を重ね、だいぶ丸くなったと周囲から言われ、自分でもそう思っていました。それでも日々見聞きする理不尽なできごとにはひそかに憤《いきどお》り、噂話にさえ自分のことのように心を痛め、怒りを共有しようとします。

「でも、こんなふうに激しく感情が怒りに向くのは、もしかしたら私のなかに、何か別の理由があるのかもしれない」

思い当たることはありました。三人兄弟のいちばん上だった彼女は、小さいときからガマンを強《し》いられる損な役回りで成長しました。たいして年も変わらないのに、母親の右手と左手をそれぞれ独占する妹弟に割り切れない気持ちを抱《いだ》きながら、自分の気持ちを抑えていい子でいることで、なんとか家族として存在することを許されていた。そんなふうに感じていたのでした。

損なことばかりじゃなかったし、今は妹弟との関係も良好です。ただ幼い頃から抱いていた苛立《いらだ》ちや怒り、長女として正しくなければという正義感が、今でも心のなかにくすぶり、それが表情のクセとして現れていたことに、彼女は気がついたのです。

「この熾火《おきび》のような負の感情は、きっと私をしあわせから遠ざける」

このどうしようもない心のクセを矯正するために、どうしたらいいのでしょうか。


「まずは体のクセから直していきましょうか」


夏美さんにはこの日から「口角アップキャンペーン」を提案しました。

もともとクールビューティの彼女は、あまり笑顔を作ったりしません。正直、「面白くもないのに笑うなんて恥ずかしい」という気持ちもあったでしょう。

でも、ここはあえて「キャンペーン」と割り切ることで期間を決め、ふとしたときに自分の口角が下がっていないかチェックして、笑顔を作るようにしたのです。

人の表情は形状記憶だって、知っていましたか？

口角が下がっている人は、年を重ねるごとにどんどん表情筋が下へ下へと向いて、全体的に老けた印象になっていきます。逆に意識して口角を上げていると、そのうちに無意識に口角が上がるクセがつき、若々しい表情筋を保つことができるのです。口角を上げるだけでアンチエイジングができるなんて、ちょっと得した気分になりませんか。

でも、「口角アップキャンペーン」の効果はそれだけではありません。

キャンペーンを続けていくうちに、夏美さんはいつもモヤモヤとした怒りで覆われていた自分の心が、穏やかに静まっていくのを感じました。もともとの正義感を、怒りより共感の方向に向けられるようになってきたのです。

外見の変化とともに、内面の落ち着きを得て、人間関係もあきらかに変わってきました。

「口角アップキャンペーン」はまだ続いていますが、彼女が自分のしあわせに焦点を合わせ、新しい自分と出会う未来はそう遠くないはずです。

それはきっと人をしあわせにする心からの笑顔と、柔らかい表情を併せ持つ「頼れる長女」の夏美さんに違いありません。

気をつけて、その口グセがしあわせを遠ざける

口グセは、無意識のうちにその人の生き方が反映されます。

あなたは日頃、どんな口グセがありますか？

「普通は～だよね？」

「みんなは～してる」

「〇〇が言ってたよ」

こんな口グセの人は要注意です。

「私は～と思う」ではなく、「普通は～」という判断基準。自我をあまり強く出したがらない日本人に多い口グセです。でも、その普通は本当に普通ですか？　よくよく考えてみたら、単に自分の家のルールだったりしませんか？

赤信号はみんなで渡れば怖くない？　「みんなは～」で判断して、万一取り返しのつかない結果になったとき、その責任は「みんな」が取ってくれるでしょうか？

そして、自分がちょっと気に入らないなと思っている人のことを言うとき、「誰々

さんも言ってたよ」と、無意識に使うちょっとずるいレトリック。

こんなふうに、自分がいつも何気なく口にしている口グセを、意識してピックアップしてみましょう。そのなかに思考のクセ、心のクセ、生き方のクセが潜んでいるかもしれません。

たとえば、上記のような口グセに気づいたとき、

「この口グセは自分の意見に責任を取りたくない、判断しない無責任な生き方につながるんじゃないか」

と、自分を振り返って、必要だと思えば口グセから修正していきましょう。

自分ではなかなか気がつかないこともあるでしょう。

そんなときには、まわりの人に聞いてみるのもいいかもしれません。「口角アップキャンペーン」を決行した夏美さんのように、友人から指摘された一つの表情グセを手がかりに、自分がとらわれている心のクセに行き着き、人間関係を好転させ、しあわせな未来に歩き出す人もいるのです。

ポジティブな言葉が人間関係を変える

「心配しないで」

が口グセの女性がいます。若い頃病弱だったため、ずいぶん両親に心配をかけたのだそうです。結婚して家を出た今も、しょっちゅう心配して電話してくるお母さんに、いつもこの言葉を言い続けてきました。

私は、彼女に提案しました。

「『心配しないで』を『安心してね』に言い換えてみませんか」

たったこれだけのことですが、彼女はそれ以降意識して「心配」を「安心」に言い換えるようにしました。

それから2ヶ月、母娘の関係に驚くべき変化が起きたのです。

「これまで、私を手のかかる子どもとして接してきた母が、成人した大人の女性として、私を扱ってくれるようになったと感じます。電話の頻度は減ったけど、話す内容はずっと濃くなりました。いつも私を問い詰めるような口調だった母が、『あなたもがんばっているのね』と、初めてねぎらってくれたんです。

もしかしたら、今までの私は心のどこかで母に『私を心配して、認めて』って言ってたのかもしれませんね」

「心配しないで」と「安心して」。この二つの言葉にどんな違いがあるのでしょう？

右脳が司る潜在意識は、直感とイメージで働きます。論理と文脈で働く左脳と違い、何かを言われたとき、その文章の中のいちばん強い意味を持つ言葉を拾うのです。

だから「心配しないで」では「心配」の単語だけが入ってきて、それが強い印象とともに残るわけです。

「安心して」という言葉を聞いて、お母さんの潜在意識ははじめて娘から「もう私は大丈夫」というメッセージを受け取り、ストンと腑《ふ》に落ちたのです。同時に、この言葉は彼女自身の潜在意識にも働きかけ、「私はお母さんに世話をかけなくてもう大丈夫」というメッセージを届けたのでしょう。

ネガティブな口グセをポジティブに。

それだけで人間関係は大きく好転することもあるのです。

ログセだけでなく、決意や願いをかけるときにも、意識してポジティブな言葉を使いましょう。

恋人には「浮気したらダメよ」ではなく、「私を大切にしてね」。

大切なプレゼンをするときは「間違えませんように」ではなく、「うまくいきますように」。

「大事なときに限って失敗する」というようなプロセス脚本に支配されている人は特に、自分が発する言葉を変えて、結末をポジティブな方向に向けるよう心がけてみてください。

人間関係の縛りを振りほどく

私の年下の友人、奈保ちゃんは、恋愛の悩みを抱えています。

「つきあっている彼が、他の会社の女性を好きになってしまったようなの。私のほうがずっと若いし、その人そんなに綺麗でもないのに。

ねえ、マリさんどう思う？」

彼女にしたら藁《わら》をもつかむ思いだったのでしょう。つきあっている彼氏の心変わりは、若い彼女にとっては世界が終わるくらいにショッキングな出来事なのです。

だけど、私はあえて言います。

「ちょっと奈保ちゃんお財布出してみて」

何を言い出すの？　と半信半疑ながら、言われたとおりに財布を出す奈保ちゃん。

「そのお財布は奈保ちゃんのものだよね。中身は？」

「もちろん、私のお金よ」

「もし私がその中身をちょうだいって言ったら？」

「いや、これは私のだから。無理無理」

「そうでしょう？　財布はあなた。中身はあなたの心。他の誰かがちょうだいって言ってもあげないよね。そのお財布の中にある限り、中身は奈保ちゃんのものだからね」

「うん」

人にはそれぞれ心があります。たとえつきあっていたって、「相手の財布も中身も全部私のもの」なんて考える人がいたら、それは見当違いな話です。

だけど、心に関しては、つきあっているのだから、相手の心は自分のものと思いがち。本当は、人はそれぞれ自分の肉体に自分だけの心を宿して、誰かと出会ったりその人を愛したり時が来て別れたりします。その間も、いつも心は自分だけのもの。その場その場で何を約束しても、離れなければならないときが来るかもしれません。

心が離れていくのに体を無理やり引き留めても、心はきっとよそ見をしています。それはもっとつらいことではありませんか？

「それはそうだけど、でも納得できない。私のほうがずっと若いし、ぶっちゃけ可愛いし、つきあい始めの頃はあんなに私のこと夢中になって口説いてきたのに」

「気持ちはわかるけど、人と人とのつながりには、ときには自然淘汰が起きるものなの」

「自然淘汰？」

私は、人間関係にも自然淘汰が起きると思っています。自分の歩幅にちょうど合う相手と一緒に歩いていても、ときに歩幅が合わなければ、自然に離れていくことでしょう。相手を好きなあまり束縛しても、その人はどんどん成長して先を行き、やがてあなたは淘汰される存在になるのかもしれません。

自然淘汰の考え方では、生き残るのは最も強いものでも、最も賢いものでもありません。最も環境に適応できるものが、進化の試練をくぐり抜け生存競争を勝ち抜くのです。

恋愛に当てはめて言えば、そのお相手と結ばれるのは、最も外見の美しい人でも、最も内面が清らかな人でもありません。その人に最もぴったり適応する人が、相手と寄り添い、人生を分かち合うことができるのです。それも、あくまでも現時点での話です。

もちろん、その逆も言えます。最もあなたの成長にふさわしい相手が、あなたとそのときにつきあう相手。お互い様です。

相手を見張っている場合じゃないのです。

自分が相手のレベルと合っているか、あなたにできることは、自分を見張ることだけです。

「誰かを縛ることで、自分が縛られたらつらいでしょう。奈保ちゃんには執着が憎しみに変わるほど彼のことを思い詰めて、がんじがらめになってほしくない」

私がそう言うと、奈保ちゃんは無理やり笑顔を作って言いました。

「そうだね。今はつらいけど、いつかあんな人よりずっと素敵な人見つけて幸せになる。『最大の復讐《ふくしゅう》は幸せになること』っていうし」

よしよし。そこまで考えられるならあと一歩。でもね……。

「一つアドバイス。その『最大の復讐は自分が幸せになること』という標語、ちょっと気をつけたほうがいいよ」

「え、なんで？」

「だってね、『復讐』という言葉が出てくるのは、奈保ちゃんがまだ恋人に去られたことを意識しているってことだから。『あの人よりずっと素敵な人』って比べること自体、心はまだ『あの人』にとらわれてる証拠じゃない？

本当にしあわせになりたいのなら、そんな執着さっさと捨てて次へ行こう」

難しいのはわかっています。でも、それができなければしあわせに向けて一歩を踏み出すことが難しいのです。

奈保ちゃんという一女性の失恋話として書きましたが、誰のどんな人間関係にも同じことが言えます。

人間は文句を言いながらでも、慣れたものにしがみつく習性があります。

いつまでも古い人間関係にこだわる心のクセはありませんか？

その行動の原動力は愛？　恐れ？

無意識に出てしまう体や行動のクセには、心のクセが表出したものがあります。そして、心のクセには、先に述べた「禁止令」が強く作用しています。

自分がついいつも取ってしまう行動や、口にしてしまう言葉を自覚して、それがどんな心のクセによって現れたものかを考えるのは大切なことです。

それは大きく分けて「愛によるもの」か「恐れによるもの」か。

人間の行動はこの二つによって引き起こされるのです。

たとえば、同じように子どもに、

「勉強しなさい！」

と、叱っても、愛からの叱責か恐れからの叱責かによって、子どもの受け取り方はまったく変わってきます。

「勉強していい成績を取れば、将来の選択肢が広がるし、勉強する習慣がこの子の能力を高めてくれる」という思いからの言葉は、たとえ少々反発しても、子どもに素直に受け止められます。愛からの叱責だからです。

一方で、

「成績が下がったらみっともない。この子がこのままいい学校に行けずにグレられでもしたら親の責任だって言われる」

という不安にかられての言葉だと、それは子どもにも敏感に伝わり、引き寄せられるように親の恐れを現実化しようとするのです。恐れからの叱責が、親子の関係に大きな亀裂を生じることもあります。

前の章に、飲酒を恐れるあまり恋人をアルコール使用障害に追い詰めてしまう博美さんの話を書きました。

彼女が、自分のまわりから極端にお酒を遠ざけようとした大もとには、幼少期、日常的に目にしてきた、泥酔する父親への恐れがありました。

たとえば、もし博美さんのお父さんが、酔っ払うと陽気になってまわりを楽しく盛り上げるタイプの酒飲みだった場合。お母さんは、時々お酒を飲みすぎて失敗するお父さんのことを「困った人」と言いつつ、それが家族で笑い話になる程度だったらどうだったでしょうか。

成長した彼女が、恋人の飲酒を止めるときにも、

「飲みすぎたら二日酔いで明日が大変だよ。そこまでにしとけば」

と、相手の体と明日の仕事を心配した愛からの行動になるでしょう。

アルコール使用障害の父親のもとに生まれた「宿命」は変えられません。けれど、もしもどこかの段階で、彼女が自分を駆り立てた行動の原動力である「恐れ」と向き

合っていたら、不幸なアルコール使用障害の連鎖は防げていたかもしれません。

幼い頃に刻んだ恐れからの「禁止令」を書きかえることは簡単ではなかったでしょう。だからこそ、それは彼女が先へ進む勇気を持って、少しずつでも乗り越えるべき課題でもあります。

たとえ子ども時代の強烈な経験によって、自分の行動のベースが常に「恐れ」からきていると気がついても、それを「愛」からの行動に書きかえることは可能なのです。

「負の動機」の落とし穴

恐れや不安、怒りなどから引き起こされる行動を、心理学では「負の動機」と呼びます。

ときに、この「負の動機」は、とてつもないパワーを持つため、願いを叶える原動力になると思われがちです。

そして、誰しも、知らず知らずのうちに、心のクセから「負の動機」をもとに行動してしまうことがあります。

しかし、「愛からの動機」でないと、いっけん、うまくいっているように見えても、着実に自分もまわりも不幸せになる方向にまっしぐらに進んでいくのです。


たとえば、先にお話しした奈保ちゃんの例も当てはまります。

恋人と別れるとき、また、離婚を決意するとき「絶対に、幸せになって相手に見せつけてやる」「見返してやる」と言う方が少なくありません。

でも、そうして相手を恨んだまま、新しいお相手にめぐり合ったとしても、その後、言葉どおり「幸せになって相手を見返す」ようにはならないことがほとんどです。

それよりも、つらいかもしれないけれど、別れるときには、自分の心をしっかりと見つめる。そして、経験したことは財産と考えて、相手にも「しあわせになってね、私もしあわせになるから」と言えるようになった人は、以前より多くのしあわせを手にしています。


また、ボランティアに行くというのは、困っている人や世の中のために役立つことですから、「愛」からの動機で、みんなをしあわせにしそうに思えます。

ところが実際は、友達がいないし、家族とは疎遠で一人で寂しい、誰かに感謝されたいからボランティアに行こう、などという、ちょっとねじれた気持ちから始める人がいます。

すると、ほんとうだったら、たくさんの人に「ありがとう」と感謝され、充実感を味わえるはずが、一生懸命やればやるほど、見当違いの行動で突っ走り、逆に「迷惑だ」と言われることが少なくありません。

そして、「なんで私を認めてくれないの」「もっと感謝してほしい」という、もともとあったマイナスの気持ちばかりが大きくなって、どんどんつらくなるのです。

憎しみや恨み、恐れなど、負の動機からスタートした成功は、とてももろいものです。行動すればするほど、マイナスのエネルギーや感情が増幅し、結局、自分の首を絞めてしまいます。

それよりも、自分自身や大切な人のため、世の中のためという「愛の動機」で始めたことであれば、本来なら「とても難しい」「叶わないかもしれない」と思うことでも、さらっと乗り越えられたり、不思議に願いが叶ったりすることを、私自身が何度も経験しました。

たとえ、貧しい境遇に育ち、「悔しさ」「悲しさ」「情けなさ」などから、「絶対にお金持ちになる！」と決めたとしても、大きな成功を収めている人は、ほとんどが、一つ願いを叶えるたびに、「よし、こんなに喜んでもらえるなら次も！」「自分ができたんだから、同じような環境の子どもたちにも成功できると知ってもらおう」、そんなふうに愛を動機に書きかえているはずです。

「負の動機」という心のクセを見直せば、案外、するっと思った以上の結果が得られるかもしれないのです。

仕事のなかに逃げ込んでいない？

ワーカホリック（仕事中毒）という言葉があります。

「勤勉さ」を尊ぶ日本では、仕事に「中毒」になっていても、あまりマイナスなイメージがありません。むしろ、そう言われることは、仕事がうまくいっている象徴として、誇らしく思う人も少なくないのではないでしょうか。

確かに、仕事に熱中し、バリバリこなしている人は、バイタリティにあふれ、有能に見えます。

でも、私には、これも一つの心のクセであり、「自分の見つめるべきことから目をそらし、全速力で仕事に逃げ込んでいる人」に見えるのです。

スケジュールは朝から夜まで、すべて仕事で埋め尽くされていっぱい。

本来の仕事が終わったあとも、仕事に関係する人たちと食事に行ったり、飲みに行ったり忙しい。

誰か一人と仕事の話をすれば、その同僚や仲間などとも知り合う機会があり、たくさんの人と名刺交換して、人間関係は広がっていきます。

いっけん、人ととても充実した関わりを持っているように見えるのですが、私が、「プライベートで親しい人はいますか？」と聞くと、黙り込んでしまう人が少なくないのです。

昭和育ちの中高年男性に多いケースで、

「家族のために働いているんだから文句ないだろう」

と言いながら家庭を顧みずに仕事ばかりしていた結果、肝心の自分が空っぽだったという話はよく聞きませんか？

最近では、中高年の男性ばかりでなく、女性にも仕事に逃げ込んでいる人が少なからずいます。


一緒に過ごす時間の長い仕事の人間関係は、濃く深いものと思いがちです。でも、多くは、お互いに何らかの「メリット」があって続いているので、どちらかがメリットを感じなくなると、あっさり終わる希薄な関係が少なくありません。

その一方で、プライベートでの人間関係は、本来の人間性が表れるので濃密です。お互いに甘えが出て摩擦が生じることもありますが、「人は人との関わりのなかで成長する」と言われるように、この関係としっかり向き合うことが大切なのです。

たとえば、パートナーや友人を選ぶときも、「お仕事モード」が染みついていると、「彼はお金持ちだから」とか「ステータスの高い職業だから」とか「彼女と仲良くしているとトクだから」などと、無意識にメリットを求めて関わりがちです。でも、それでは、相手に大切にされることはなく、深い人間関係になることはないでしょう。

人間は最終的に何を求めているかというと「人に理解され、認められること」だと言われます。

たとえ、仕事でやりがいを見いだし成果を上げても、「本当に満たされている?」「本当にしあわせ?」と、魂の声が問いかけてくるはずです。

第5章

どうしたら人生のV字回復を起こせるの？

おばあちゃまのようになりたい!

この章では、私自身の半生を辿《たど》りながら、子どもの頃から今まで、私が「運命の脚本」「宿命の脚本」をどのように書き上げ、どのように向き合ってきたかをお話しします。

社会の標準からは大分かけ離れた、ある意味特殊な環境で生きてきた私ですが、そういった宿命の中で、どんなふうに自分の「運命の脚本」を生きていったのか。前章までに述べてきた人生脚本の一つのサンプルとして、辿ってみようと思います。

私の2冊の脚本のなかで、最も存在感のあった登場人物は、間違いなく祖母です。その影響は両親よりも大きいものでした。

前にも書いたとおり、祖母は40歳で失明しました。五感のなかでも、視覚からの情報量は87%と言われています。それを奪われることが、どれほど怖いことか、そして絶望的なことか、私には想像もつきません。

光を失うことで心眼を開き、大きな使命を背負った祖母は、神道の教会を開き、社会福祉活動に身を投じました。さまざまな立場の悩める人々に寄り添い続ける祖母。私はそんな「おばあちゃま」が大好きで、いつもぴったりくっついて、どこに行くにもついていきました。まるで魂のへその緒でつながっているかのように。

幼稚園に行くのも嫌がった私が、祖母の講演会には少しも嫌がらず同行し、じっと隣で耳を傾けていました。

祖母は、「苦悩を克服した話」というより、人間としての考え方や生き方、そして命の仕組みについて話していました。幼い私には、内容は理解できなくても、直感的に、

「おばあちゃまのようになりたい。お祖母ちゃまがやっているようにみんなの前で真実を説く人になる」

と、決めていました。おそらく4歳の頃には、そんな「運命の脚本」を書き始めていたのだと思います。

まわりの人には、

「マリちゃんはおばあちゃんっ子よね」

と言われましたが、幼いながらにその言葉には違和感を覚えていたのです。それを私はちゃんと心でわかっていた。

「そんなことじゃない、おばあちゃまは『本当のこと』を語っている。それを私はちゃんと心でわかっているのだ」

もちろん、幼稚園に入ったばかりの小さな女の子に、それを言葉で表現する術《すべ》はありません。

でも、祖母が心の眼で真理を見ていることは、子どもながらも感じ取っていました。

当時の私は、祖母の孫娘に生まれた「宿命の脚本」をごく自然に受け入れ、自らその志を継ぐという「運命の脚本」を書き上げていたのです。2冊の脚本は、何の矛盾もなく車の両輪のように私を未来に運んでくれるはずでした。

完成直前に書き加えた負の脚本

現実の私は、幼稚園で活発な友達が近くに来ただけで固まってしまう、気弱で慎重で怖がりな女の子でした。でも祖母の言葉は、これから先の私の人生を輝きとともに照らし出してくれました。一緒にいれば何でもできるような気がしたのです。

「おばあちゃまみたいになる！」

まだ自分のコンプレックスも能力の限界も、そして人と比べることも知らなかった私は、それを信じて疑いませんでした。

こうして私の「運命の脚本」は、偉大な祖母の傍らで磨かれ、いずれはその遺志を継いでたくさんの人々を救済する立場に立つという、大団円の筋書きを書き上げるはずでした。

ところが、まさに脚本の総仕上げにとりかかろうという11歳のときに、輝ける未来に導いてくれるはずの祖母が、突然天に召されてしまったのです。

あとに残されたのは、おかっぱでみそっ歯で小太りの平凡な女の子一人。祖母とともにいて感じていた万能感は跡形もなく消え去り、信じていたものはすべて奪われたように感じました。

人生脚本の完成間近の段階で潜在意識に刻まれたのは、

「どうしていなくなっちゃったの？」

という喪失感。そして、やり場のない怒りを世の中への恨みに転換した荒《すさ》んだ心。

悪いことにそれより少し前、日常のお世話をしてくれていた「おおたちゃん」が亡くなっていました。彼女は、家業の行事で忙しい母に代わって私の日常の世話をしてくれていた、かけがえのない人でした。

いつも親身に気にかけてくれたおおたちゃんがいなくなり、日常の些《さ》細《さい》なことも自分一人では何もできない自分に直面していた矢先に、精神的な支柱だった祖母まで。最初に書き込んだ脚本「私はおばあちゃまみたいになる！」という意志は潜在意識のなかに残したまま、現実の中に放り出され、そこで直面した「私は何もできない」という事実。

こうして、自分のなかに、

「こんな私が、おばあちゃまのから受け継いだ思想を、たくさんの人々に伝えるなんてできるわけがない。中途半端にそんなことをしたら、祖母が馬鹿にされるだけだ」

という脚本が出来上がってしまいました。もともとの引っ込み思案という性質も相まって、私は自分の使命を封印しました。

そして、「何もできない私」という「運命の脚本」を自分に課して、思春期に突入したのでした。

自分に課した「禁止令」

私がここまでの「運命の脚本」を書き上げた経過を読んで、読者の皆さんは疑問に思いませんか？

お父さん、お母さんはどうしていたんだろう、と。

前にも書いたとおり、私の生家は世間一般の基準からすればかなり特殊な家庭でした。

祖母は戦前の総理大臣の孫ですから、祖父の家系もそれに見合った由緒正しい旧家。祖母はお付きのお手伝いさん3人にかしずかれて嫁いできたといいます。

こんな家に嫁いだ母の苦労は並大抵ではありません。私にとっては優しいおばあちゃまですが、母にとっては姑《しゅうとめ》で宗教の教主。形こそ「若奥様」と呼ばれていても、古参のお手伝いさんから裏では下に見られ、世間の常識とは違うしきたりや慣例に戸惑うことも多かったに違いありません。

もともと本人が感情をあまり表に出さない人でもありました。私はもっと愛情を表現してほしかったので、母のことが少々苦手でした。

母は母なりのやり方で私を愛してくれていたのですが、それが理解できるようになったのは、ずっとあとのことです。母の態度を当時は、

「ママは私に興味がないんだ」

と、受け取っていたのです。私はママに見捨てられている。愛されていない。もっと愛して。もっと私を見て！　一生懸命そう伝えていたと思います。

今思えば、母にしたら、

「おおたちゃんに懐いているのだからいいじゃない」

と、一歩引いたところから娘のことを見守っていたのです。

一方の父は、仕事をバリバリこなす豪快で強いタイプ。それもあって父に対して強く言い返すこともできない母のことを、「ママは幸せなのかな？」と疑問に思ってい

ました。

小さな子どもが親に「見捨てられた」と感じて自ら作り出してしまう「禁止令」。それは、幼い心が自分を守ろうと張り巡らした、防御と言うにはあまりにも過敏で繊細なものです。

愛されていないと感じれば、それは「愛するな」という禁止令につながります。裏切られたと感じれば、「信じるな」という禁止令を、「ダメな子」と思われていると感じれば、「成功するな」という禁止令を、両親の関係を「不幸な結婚」と感じれば、「幸せになるな」という禁止令を、子どもは勝手に作って自分を縛るのです。

幼い心がどんな脚本を書くかは、「こんなことをされた」ではなく「こう感じた」によって決まります。だから、実際には愛されていても、それを心から感じなければ禁止令をたくさん持つことになるのです。

本当はずっと、母の自慢の娘になりたいと思っていました。心のなかで強く懇願しながら、中学・高校時代の私はとにかく親に、環境に、すべてに反抗していました。まわりの人に心配をかけ、迷惑をかけ、傷つけ苦しめました。

そうしながら、無理やり封じ込めた4歳の夢は、再び意識の表側に姿を現すチャンスをじっとうかがっていたのかもしれません。

心理学との出合い

12歳で作った拙《つたな》い「何もできない私」という「運命の脚本」に支配され、自分でも正体のわからないモヤモヤした衝動で反抗し続けた中学・高校時代。その間、私はずっと「自分が何者なのか」を考え続けてきました。

そして心理学と出合います。これが結果として4歳のときの夢を叶える最強ツールとなったのですが、それはまだ後の話。この当時は、

「私なんかがおばあちゃまの言葉を伝えるなんて、できるわけない。そんなことをしたら、おばあちゃまが馬鹿にされる」

と、無意識の底に夢を封印してしまい、模索しながらさまよっていました。

当時はバブルの全盛期。自分をどう表現していいかわからない私は、表面的にはバ

ブルを満喫している女子大生仲間と変わりません。ブランド物のバッグを持ち、髪の毛はソバージュ、学校が終わったあとは、毎日、繁華街に出かけていました。でも、心のなかでは、人間への興味、心のメカニズム、身の回りに起きる出来事の関係性への探求心は衰えず、遊びながらも、まわりの人を観察していたのです。

遊び仲間が、「あれ、3日くらい会わなかったね」と言うときは、実は、心理学の合宿に参加していたりしたのです。

自分でもどっちがほんとうの自分かわからないまま、日々を過ごしていました。

この試行錯誤のなかで気づいたのは、心理学を学ぶ人たちの多くは、自分自身のなかに問題を抱えているのだということです。

初めてカウンセラーを目指す人が集まるセミナーに参加した20歳のときのこと。2泊3日の日程の最終日、「自分のなかに溜《た》まっているものをすべて吐き出す」というプログラムがありました。

「お母さん、あのときなぜわかってくれなかったの⁉」

「お父さん、ほんとうはこうしてほしかったの‼」

座布団を叩きながら泣く参加者たちを見て、小さいときに親から受けた小さな（と他人から見れば思える）仕打ちが、いかに人の心の奥底で鬱積《うっせき》し続けるのかを知り、呆然としたのでした。

だけど、2年後に同じセミナーに参加したとき、同じ人がまったく同じことをやっているのを見て、果たしてこれはどうなんだろうと疑問に思ったのです。

確かに、親にもわかってもらえなかった苦しみを吐き出すことは必要かもしれません。しかし、吐き出したあと、この人はいったいどうするのでしょう？

心理学を学ぶ目的で集まった、この特別な場ではまわりも自分の苦しみを理解し、受け入れてくれるでしょう。でも、それで根本的な解決になるのでしょうか。

現に、2年経っても心の底にある苦しみを捨てることができずに、座布団を叩いて泣き叫んでいるじゃありませんか。

また、資格を取得しているカウンセラーの人たちも私の目からは、あまりしあわせそうには見えませんでした。

このとき、私は決意しました。

それならば、いつか私は、自分自身が相談したくなるようなカウンセラーになろう、と。

こうして物事をとことん突き詰める「オタク」な人間性が幸いし　私は萎《な》えることなく徹底的に学び続ける道を選びました。そしてその結果、遠い昔に志し、そして封印した「祖母への道」に近づくため、心理学という強力なツールを手にすることができたのです。

今振り返れば「身に起こることすべてに意味がある」ということがよくわかります。

結婚はV字回復への最短距離？

とは言え、心理学で学んだメソッドが、どんなふうに夢につながっていくかなど、二十歳《はたち》そこそこの私にわかるはずもありません。4歳のときに書き込んだ「運命の脚本」からは相変わらず目をそらしたまま、そのあとに上書きした「禁止令」に縛られて、自分探しの旅を続けていたのです。

荒れた10代を過ごした私は、世間に自慢できるような学習の積み重ねも学歴も持っていませんでした。祖母のようになりたいなどと口にした途端、世間から物笑いの種になる。むしろ、そうそうたるご先祖様、親戚筋すべての名を汚しているのが私なのだと、そこまで思い込んでいました。

せめて有名大学を出ていたら、せめて表に出ても恥ずかしくないくらいの研鑽を積んでいたら。こんな私が人前に立って講演をするなんて、とんでもない。たとえばアーティストやクリエーターのような仕事ならいいかもしれない。でも、講演は無理。できない理由をうまく探し出し、自分で自分に規制をかけて枠にはめ、魂が望んでいる方向からどんどん離れていったのでした。

自分について、人生について、運命や宿命について、そして命の仕組みについて、悶々としながら模索し続けていたころ。

ある日、ふとつけたテレビ番組で大きな衝撃を受けます。

画面では、インドの奥地で水をかめに入れて、何度も運ぶ女性の映像が流れていました。それを見たとたん、こんなに賢い目をした女性が、なぜ、一日中水を運んでいるのに、私のような人間がのうのうと暮らしているのだろうと思ったのです。

生まれ持った環境は、どんなに努力しても変えられない、人生には理屈ではどうしようもないことがあるのだということが、画面からは痛いほど伝わってきます。でも、その一方で、自分が動けば変えられることもたくさんあるはず。

もしかしたら、自分も、不自由な環境に身を置けば、何か見つけられることがあるかもしれない。これまで探していた答えが手に入るかもしれない。

そうひらめいた私は、いてもたってもいられなくなり、母親に話をして、ボランティア活動に参加できるよう手配してもらったのです。

母は、インド、ネパール、バングラディシュ、スリランカなど南アジアの各国に、孤児の養育施設などスケールの大きな施設を展開する、宗教団体に頼んでくれました。ここは、実は、創設者夫婦が祖母と親しくしていた団体でした。

そこで、私は一人の男性に出会います。

帰国後、写真を交換するなど会う機会が増え、食事に行ったとき、ふと、自分がなぜ、ここに来たのか、これまで何を考え、今、どんなことに悩み、模索しているかを打ち明けたのです。

するど、彼は「いい加減に生きている人は、どんなにがんばっても、持てる力の5か6しか出すことがない。その代わり、マイナスになっても、5か6かもしれない。でも、あなたのように本気で生きている人は、マイナスで100出すこともあるかもしれないけれど、プラスで100出す可能性もあるんだよ」と言ってくれたのです。

生まれて初めて、家族以外の誰かが「自分をわかってくれた！」と感じた瞬間でした。

彼は、この宗教団体の三男で、10歳も年上でした。

でも、

「あなたみたいな極端から極端にエネルギーの振り幅が大きい人は、僕みたいな男と結婚するのがいいんじゃない？」

と、プロポーズしてくれ、私がやりたいことを実現するには、結婚が最善の策だと言うのです。

そのとき私には、有名大学の哲学科を出ているこの人なら、きっと私の心理学探究に学術的な深みを与えてくれるはず、そして、ひそかに持っていた学歴コンプレックスだって埋めてくれるはずと思えました。

これですべて解決！　ようやく「何もできない」ダメな私をリカバーして、「運命の脚本」をまっとうする道が開けたんだ。おばあちゃまの孫として生を受け、おばあちゃまのご縁で嫁ぐ。これこそ、私の「宿命の脚本」なのだろう。

これから先は人生のV字回復!!

23歳の私は、自信のない自分の宿命と運命の脚本を肩代わりしてもらえる最良のパートナーと出会ったと思いました。そして、魂が望む自分の生き方を夫に託し、自身は裏に回ることで、間接的に祖母の遺志を受け継ごうと考えたのでした。

「宿命の脚本」を読み違えたまま爆走

10年間の模索の後、私の「運命の脚本」は、結婚という形でようやく落ち着きどころを見つけたかにみえました。しかし、これがまたしても現実に裏切られることになりました。

嫁いだ先は、家庭と言うよりは、スケールの大きなコミュニティ。海外のＶＩＰも滞在する広大な敷地内に、16人の大家族以上の信者さんたちが生活を共にしています。

これが、いきなり別の世界に飛び込んだのであれば、まだ、覚悟ができたかもしれません。たとえば、私が、旅館の女将さんになったとしたら、「まずは、ここのしきたりに従おう」と思ったでしょう。

でも、私は、同じような宗教家の家だから、さほど違いがあるとは思っていませんでした。ところが、自分の家とはまったく違う価値観に大きく戸惑います。

そして、なによりつらかったのは、私が今まで大切にしてきたものを活かす場がなく、「自分を殺して」生きなければならなかったこと。日々の作業に追われ、自分の気持ちを表現することさえままなりませんでした。

でも、もう後戻りはできない。私は「宿命の脚本」の筋書きどおり、ここに来たのだから、離婚などあり得ない。それは私のなかにある「禁止令」の一つでした。

夫の言葉で言うと「極端から極端に振り幅が大きい」私は、とにかく目の前の課題に振り幅いっぱいまで没頭する傾向があります。立ちはだかるあまりに大きな壁を前に、「夫を大きくする。彼を表舞台に立たせる。それが自分の使命なんだ。宿命なんだ」

と信じ込んでしまいました。

私は、祖母の教えを広めるという当初の脚本を、再び潜在意識の奥に封印しました。封印したまま、目の前のミッションに向けて、エネルギーのおもむくまま自分を駆り立てたのです。

絵に描いたような幸せを演じる

世間から見れば、私は「いいとこの家に嫁いだ、幸せな若奥さん」でした。

二人の子どもに恵まれ、年の離れた夫は優しくたっぷり愛情を注いでくれます。

私も、行事を仕切ったり、信者さんの話を聞いたり、夫を支え、裏方として奔走しながら、子どもの教育に力を注ぐ、めまぐるしい日々。

夫婦での必死の闘いが実を結び、望みどおり私たち夫婦は独立し、神戸に家族水入らずの家を持つことができました。

毎年、国内外をあちこち旅行している幸せそうな家族写真を印刷した年賀状をばらまいていたのはこの時期です。

ほら見て、こんなに私は幸せ。そうでしょう?

まわりに幸せアピールをしたかったのではなく、自分自身に確認せずにはいられなかったのです。

偉業を成し遂げた親族に囲まれるなか、私一人だけが一族の落ちこぼれ。

そんな私が今はこんな絵に描いたような幸せを満喫している。

しかし実際の私は、ずっと心に宿題をやり残したまま、必死になって幸せを演じていたのです。せっかく築いた幸せのために。

遠くから幻聴が聞こえ始めたのも、この頃でした。

「死ね」

次第に声は近づいてきました。

ただ、アンケートだけに答えるために生きよう

平穏な日常生活を揺るがすように、地の底から、マグマが噴出する。私の心の奥底で、抑えていた幼い頃の決意がうごめいていました。それこそ、最初の「運命の脚本」に書き込んだ、潜在意識のいちばん下にある私の思いです。

生前の祖母が視力を失う代償に到達した、神様とともに歩む境地。それを混じりけのない純粋な目で身近に見てきた幼い私は、これこそ自分の「宿命」「運命」「使命」だと、直感的に感じ取っていたのではなかったか。

しかし思春期の私は、勝手に自分の限界を設定し「私には無理」と逃げ出しました。

結婚して新たなパワーを得て再トライするかと思えば、今度はすり替えたダミーの目的に向かって邁進《まいしん》。そのあげくに幸せを演じることに熱中しています。

いったいこれはどういうことだ？


私の潜在意識が問いかけてきます。

「死ね」という声が聞こえるのは、魂が今の自分にオッケーを出していないから。

「今の状態からいったん死んだつもりで、もう一度やり直しなさい」

魂の叫びだったのです。


しかし、重度の抑うつ症にかかっていた私には、そんなことを考える余裕もありませんでした。

実は、うつの状態というのは、持って生まれた使命、才能などを押し殺すことにより、エネルギーがブロックされてなります。

そうして私は、幻聴に引っ張られるように、「死にたい」という気持ちがどんどん心を覆い尽くし、それ以外考えられないほどになってしまったのです。

抑うつ症の人は、何とかして筋道の立つ解決法を模索しようとします。けれども、それをすると症状は余計に悪化するのです。気がついたときには、もう軌道修正ができないほど深みにはまり込んでいました。

それでも、幸せを演じながら、私は死ぬことしか考えられませんでした。

その日も、ぼんやりとキッチンに座って、同じことを思い巡らせていたのです。

「今私が死んだらまわりはどうするだろう。いくら事故で死んだと言っても、子どもはだますことはできないだろうな。きっと一生消えない傷を子どもに背負わせることになるんだろう」

ふと、子どもが学校からもらってきたプリントが目に入りました。時々回ってくる親に向けたアンケートでした。それを手に取って見るとまた、自分が死んだときのことに心が引っ張られるのです。

「私がいなくなっても、お手伝いさんが上手に家のことをやってくれるだろう。だけど、学校からこんなアンケートが回ってきたら、子どもはどうするんだろう。あの子たちのことだから誰にも見せないで、自分で書くんだろうな。一生懸命私の字を真似して、大人が書いたように見せようとして」

そこまで考えたら、胸が一杯になりました。

「もう、いいよね。よくがんばった」

大嫌いだった自分。軽蔑し責め続けてきた自分。いつも必死で闘っていたのに、一度も認めてあげなかった自分を、初めて愛しいと思い、心で抱きしめました。

「立派な人間にならなければいけない。

世間から尊敬されるようにならなければならない。

もう、そんなことはどうでもいい。

どうしたって、私は私。おばあちゃまのようにはなれないのだから。

これからは高望みはやめる。ただ子どもが学校から持って帰るアンケートに母としてサインはしよう。そのために生きよう」

自分という人間に対してこれまで纏ってきた過剰な期待の鎧。どうしたってそこに届かない現実。私はこのとき初めて等身大の自分自身に向き合ったのでした。

やけくそで売り込んだ雑誌で「自分の言葉」を手に入れる

「残念な自分」を正面から認め、受け入れると、私は徐々に自分に課していた「禁止令」から解き放たれていきました。

すると、健気に「自分」を生きていた、幼い頃の私がよみがえってきました。

「あの頃の自分に恥じない私になりたい」

そう思ったら魂にある「すべきこと」と、自分が「したいこと」が見え始め、二つが寄り添って、狂っていた人生の歯車が回りだしたのです。

遠回りをしながら生きてきた私の人生で敷いた布石は、たとえマイナスやムダに思えたことでさえ、さまざまな局面で光を放ち、私を照らしてくれました。

思い描いた理想の自分になれない今、最後の力を振り絞って、覚悟を決めたとき、潜在意識の奥から本来の「運命の脚本」が姿を現したのです。

「せめてこれだけは」

祖母が生きていたことを、何らかの形で誰かに知ってほしいと思うようになりました。

そう思っていた矢先、書棚にある、子どもが幼いときに使っていた、育児マニュアルの本が目に留まりました。

なにげなく手にとってパラパラとページをめくると、そこには、子育てに必要な、公共施設の連絡先の一覧が載っていました。

ふと、そこにあった「奈良」という文字に目が留まります。

なぜなら、奈良は、神戸で育った祖母が、戦時中疎開し、その後、教会を開いたゆかりの土地だったからです。

奈良の住所の連絡先は、『月刊奈良』。

これも何かのご縁ではないかと、私は編集部に電話をかけてみました。

『月刊奈良』は、奈良県の地域振興のために各市町村の支援団体として発足した公益社団法人現代奈良協会（現在は公益社団法人）が、活動の一環として昭和36年（1961年）に創刊した総合情報誌です。

編集長とお話しして、木村輝という人がいたということを何かに載せてくださいとお願いしました。

すると先方は興味を持ってくれて、記事が載ることになりました。

そのときでも、まだ、表舞台には出たくないという気持ちが強く残っていた私は、自分の顔が出ないようにするためにどうしたらいいかばかり考え、「だったら、文章をたくさん書けばいいだろう」と思い、渾身《こんしん》の力を振り絞って長い文章を綴りました。

そうしたらページが増えただけで、大きな写真と長い文章がそのまま掲載されてしまったのです。

でも、本人にとって不本意なことこそ、「吉兆」なことだと自分に言い聞かせ、しぶしぶ受け入れてみると、意外にもまわりからの反応は好意的で、奈良の実業界の方から「話してみたい」という問い合わせが来たりもしました。

この記事が好評で、そこから1年の間「相談コーナー」を担当しました。その後、エッセイの連載に移行し、私はその4年間で文章を通して自分に向き合うことになったのです。

こうして連載を続けるなかで、私はようやくわかったことがありました。それは、

「私が、自分（宿命）から逃げていた」ということです。

祖母の言ったことを単に口伝えするだけでは、彼女の志を受け継いでいることにはならないのだと。

祖母の魂を宿した私が七転八倒、試行錯誤を繰り返しながら悩みもがき苦しんで、自分自身の人生を生きてこそ、その遺志を継いで人々に語りかけることができるのです。

それも、自分自身の言葉で語らなくては意味がありません。

自分のすべき使命を夫になすりつけて背中に隠れていた私は、ようやくここで他の誰でもない「私」として、人の前に立つことができるようになったのです。

最終的には感謝だけが、私を解き放ってくれた

自分の魂に沿うことを始めると、それまで狂いっぱなしだった歯車がどんどん合ってきました。

もう「おばあちゃまの遺志を継ぐ」とがんばらなくても、私は私の言葉で思いを綴ります。そしてそれは、幼い頃に祖母にくっついて潜在意識に刻み込んだ教えと、びっくりするほど同じことを語っているのです。

カウンセラーとしての活動も再開しました。クライアントさん一人ひとりの魂に寄り添い、潜在意識で本当に望んでいることを一緒に洗い出していく。それはやっぱり祖母がたくさんの人たちに語りかけ、受け止めていたカウンセリングと同じことをしているのです。

そんな自分の歩んできた道のなかで、なかなか消化できない問題がありました。

それは、夫との関係です。

結婚前から、二人でどのように生きていくのか、将来のビジョンについて話し合い、二人でシナリオを描いていました。でも、残念ながら、そのシナリオどおりに事は運ばず、私の人生を捧げようと決めた特別な存在であったがゆえに、夫への複雑な感情は私を長く苦しめました。

どうしたら、この気持ちから解放されるのか、私はずっと考えていました。

そしてたどり着いた結論は、

「もしこの人が私の望んだとおり、世の中に君臨する男性だったら、その夫の陰に隠れて、私は何もできない私のままでいた。

障害と思えたことは、私が乗り越えるべき課題。

不都合に思えた登場人物は私の成長を助けるキャスト。

すべては、未熟な自分を成長させるために与えられていたのだ。

『おかげさまで』と、心から感謝できるときこそ、私が次のステージに立っているとき。そのとき、私の心は不満や恨みを解消し、自然に浄化されている」

そう、ひらめいたとき、すっと苦しみから解放されたのです。

私は、お見合いで結婚して、離婚することなど絶対に許されないと自分で自分を縛りつけてきました。

そして、そんな状態を「宿命」と思い込み、この枠のなかで自分を生きようともがいてきたのです。

今、思い起こせば、こんなことがありました。

結婚前に、神主の資格を取るため、東京に行ったときのことです。講師の先生に「あなたのこと、輝先生（祖母のこと）から聞いてますよ。うちには孫がいて、その子があとを継ぐのよって」。

驚いた私が「いえ、うちには兄がおりますので」と答えると、「女の子とおっしゃっていたから、あなたのことですよ」と言われたのです。

これは、まさしく祖母からの「これから嫁いで、いろいろあるけど、成長して私のあとが継げるようになってね」というメッセージだったのでしょう。ただ私が、そのときはうまくキャッチできなかったのです。

その後読んだ『ソウルメイト「運命の人」についての7つの考察』（飯田史彦／PHP文庫）という本に、こんなことが書いてありました。

結婚には、「プロジェクト型結婚」、そして「ツインソウル型結婚」がある。

プロジェクト型とは、あえて、価値観の異なる相手を選び、悩みや忍耐などを通して、お互いに成長し、魂を磨いていく。

一方で、ツインソウル型は、もともと一つだった魂が、二つの肉体として生まれ、人生の途中で、計画どおりに結婚し、一心同体の夫婦として生きていくのだそうです。

私たちは、まさしく、プロジェクト型だったのでしょう。

だから、お互いが成長すれば、終わることもあるのです。

私は、心の底から夫に感謝して、「ほんとうの自分を生きる」ことに決めました。

第6章

人生脚本をしあわせで彩るために

心をいつも「しあわせ」に向けておこう

ここまで、誰もが持っている「人生の脚本」について、私たちがそれをどのように書き上げ、人生を左右されているかをお伝えしてきました。

本書を読んで、もしもあなたが「これまで何かに縛られてきた」と感じ、変わりたいと願ったのであれば、脚本を書きかえるのに最も大切なことをお伝えしましょう。

それは、「変えたい」という気持ちに、ポジティブな意志を込めることです。

それもたまに思い出したような、気まぐれなポジティブさではいけません。大切なのは、常に心を「あなたにとってのしあわせ」の方向に向かわせておくことなのです。

ノーベル物理学賞受賞者の物理学者・小柴昌俊東大特別栄誉教授が、受賞インタビューでこんなことを言われていました。

「運を捕まえられるかどうかは、日ごろから準備していたかどうかだ」

小柴博士がカミオカンデの運転を再開してすぐ、大マゼラン星雲の超新星爆発が起こり、結果的にこのときに発生したニュートリノの観測でノーベル物理学賞を受賞することになりました。これを評して、「小柴は幸運だ」とやっかみ半分に言う者がいると聞くと、

「大爆発によって世界60億人に平等に降り注いだニュートリノを、見えるように準備していたのは自分なのだ」

と言い返した、という逸話も残しています。

適切なときに、適切な場所で手を広げて待っていなければ「ここぞ！」というチャンスはつかめません。小柴博士は、誰にでも平等に降り注ぐニュートリノを、いつでもキャッチできる準備を整えていたからこそ、ビッグチャンスを手にすることができたわけです。

コーチングの神様と言われているアンソニー・ロビンスは、

「大切なのはときおりするようなことではなく、いつもしていることだ」

と言っています。

私たちは心のクセで動いています。今、ここの一瞬、一瞬を常にしあわせに心を向けておくことが、人生脚本を魂が望むとおりに書きかえるための、最も有効な手立てなのです。

この章では、しあわせに満ちた人生脚本を書き上げるために役に立つ、心の方向づけについてお話しします。

人生いたるところにヒラタケあり

自分の思い描いたとおりにものごとが運ばないと、気持ちが立ち止まってしまうことは誰にでもあります。

「なんで私の人生、こんなに思いどおりにいかないの？」

こんな思いにとらわれて落ち込み続け、結局一歩も前に進めなくなってしまうのです。

でも、そういうときにこそ、ちょっとまわりを見回してみましょう。

平安時代末期に成立した『今昔物語集』の中に、こんな説話があります。

信濃の国司・藤原陳忠《のぶただ》が、任期を終えて京へ戻る道中で、乗っていた馬が橋の上で脚を滑らせ、谷底に落ちてしまいました。従者があわててのぞき込むと、

「長い縄を付けてカゴをよこせ！」

と、陳忠の声が聞こえ、言うとおりにカゴを下ろすと、

「引き上げろ！」

と、また指示をされました。ところが、主人が乗ってくると思って引き上げたカゴには当時、お宝食材であったヒラタケがぎっしり詰まっているではありませんか。驚いていると再び、

「早く空のカゴを下ろせ！」

と、声がして、もう一度引き上げたカゴには、ヒラタケをどっさり抱えた陳忠が乗っていました。

「落ちたときにうまく引っかかった木に、ヒラタケがたくさん生えていた。手の届くところは全部取ったが、まだまだ残っていたのが残念だ！」

そう言ってくやしがる陳忠を見て呆れる従者たちに、

「宝の山に入って手ぶらでむなしく引き上げる者があるものか！　受領はいたるところに土をつかめというではないか！」

と言い放ったということです。


物語は当時の庶民の目線から、厳しく年貢を取り立てる受領のがめつさを風刺したものです。しかし、見方を変えれば、とてもポジティブな話として読み取れます。

「どんくさい馬のせいで落ちてしまった！」

「頼りない従者たちが、もっとしっかりしていればこんな目には遭わなかった！」

などと怒り散らすこともなく、ただ目の前のヒラタケに喜び、どうしたらこれを持って帰ることができるか冷静に判断する陳忠。

責めても仕方のない、すでに起きた過去への執着はまったくありません。今さらどうにもならないことは横に置き、落ちた場所にあったヒラタケをより多く持ち帰るという現在の行動に集中しきっているその姿。

生きるエネルギーに満ちているではありませんか。

もしも陳忠が落ちたあとに怒りや不安、恐れにとらわれていたとしたら、周囲を観察する余裕はなかったでしょう。落ち着いて行動できなければ、命が助かったかどうかさえわかりません。

「せっかく落ちたのだから、得るものを探そう！」

とすばやく意識を切り替え、置かれた状況で得られるものに着目したからこそ、谷底でヒラタケを見つけ、自分も無事生還することができたわけです。

馬が脚を滑らせてくれた〈からこそ〉、従者が守ってくれなかった〈からこそ〉、おかげで宝の山に入れた。千年近い昔に生きた藤原陳忠という受領の思考パターンは、現代を生きる私たちにも大いに参考になるはずです。

あなたが落ちたその場所にだって、ヒラタケは必ずあります。

その場で拾えるだけのヒラタケを手にしてから這《は》い上がってもいいじゃありませんか。

※『今昔物語集　巻二十八　信濃守藤原陳忠落入御坂語』より

回転寿司ではいつも3粒多いイクラを探す

子どもがまだ小さいあるとき、ママ友たちと回転寿司に行きました。

そのなかの一人の男の子が、回ってくるお寿司でどれがいちばん大きいか、美味しそうか一つずつじーっと見つめながら厳選していたのです。その子のお母さんは、他のお友達の手前「食い意地の張った子」と思われるのが恥ずかしかったのでしょう。

「りょうちゃん、やめなさい。回転寿司ごときにみっともない」

と、止めようとしました。私はすかさず言いました。

「いいじゃない、ねえ、りょうちゃん。ママは何言ってるのよね。いつもいちばんいいものを取ろうと思って、しっかりお寿司を見張ってるりょうちゃんは、さすがだね。大したもんだわ。マリちゃんもね、大好きなイクラの軍艦巻きだったら他のより3粒は余計にのってるのを、こうして真剣に選んで取ってるのよ。いつもそうしてなかったら、いざっていうとき、できないもんね」

りょうちゃんは嬉しそうにニッコリしました。お母さんもすぐに気がついて調子を合わせました。

「よかったね、りょうちゃん。マリさんに褒められて」

お互いに気心の知れたママ友同士、ニッコリ笑顔のナイスフォローでひと安心です。

子どもにとって、親の「恥ずかしい」の一言が強烈な印象として心に刻まれることは前にも書きました。ママの「回転寿司ごときに夢中になっている息子が恥ずかしい」というメッセージがダイレクトに伝われば、りょうちゃん自身、自分の行動に強烈な恥ずかしさを感じることになります。この体験は彼の心に「僕は卑しい子」という「禁止令」として刻まれることだってあるのです。そして、そのまま修正されることなく大人になれば、思わぬ不具合を生じることになるかもしれません。

でも、ここで私が褒めて、ママがニッコリ笑うことでりょうちゃんは自分の行動をポジティブにとらえることができました。

実際に、回転寿司で「3粒多いイクラ」を狙う行動は、生きていくうえでとても大切な姿勢だと私は考えています。

だって、考えてみてください。回転寿司で少しでもいいものを取ろうと狙う行為は、他の誰も傷つけないし、他人の利益を奪い取るものではありません。誰かを蹴落としてでもいいほうを取るわけでもないし、仮に誰かが美味しそうな皿を選んでも、「ちくしょー、やられた」なんて思いませんよね？

ただ、自分の目で判断して「よさそう」と思ったものを手にするだけです。

回転寿司に行ったら、いちばんいいお皿を取る。選択肢がたくさんある場合には、どれが自分にとってベストなのか真剣に考える。どんなときでも自分で考えて、ベストを選択するクセをつけておく。自分の頭で考えて判断するクセをつけておく。

もし、可愛い女の子が3人いたら、どの子が自分にとってベストなのか自分の目で見極める。

「りょうちゃんの将来は、明るいね！」

いつも、自分なりの最善の選択をする目を養っておくことは、その後の人生に絶対に役に立つのです。

しあわせの核になる

「ジョン・レノンって世界平和とか歌ってるけど、4人くらいの自分のバンドでさえケンカ別れさせている」

なんていう冗談がありますが、ある意味これは真実かも？

世界が平和になるために活動することは尊いことです。だけど、その前にまず、自分自身が平和であることが必要です。

自分が平和なら家族も平和になる。

そんな家族が増えていけば、地域が、町が、そして最終的に世界が平和になっていくはずなのです。

だから平和を望むのなら、まず自分が「しあわせの核」になってしまいましょう。

しあわせの核？

核戦争のほうではなくて、「しあわせの中心」という意味の核。どうしたらそんなものになれるのでしょうか。

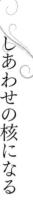

それは、まず自分がしあわせになること。誰かをしあわせにしようとするなら、その最初の一人はあなた自身しかいません。そこからあふれたものを身近な人に配っていけばいいのです。

人間は「お裾分け」しかできません。だったら、自分のしあわせをできるだけ大きくして、たくさんの人にお裾分けが渡るようにすればいいのです。

作家の本田健氏がある講演会で、こう言っていました。

「まずはまわりの人にとって、上位5番目までの存在になろう」

あなたの近くにもきっといるでしょう？　誰かがイベントを企画したとき、

「あの人のスケジュール空いてるかな」

と、日にちを合わせてもらえる存在。その人がいることでみんなが嬉しくなるような存在。

そういう人をよく観察してみると、なんだかわからないけど「いい波動」を発散させているように思います。だからその波動に交わりたくて、人がその人のまわりに集まってくるのです。

「しあわせの核」になろうと思ったら、いつも「いい波動」を発散させることです。

あなたが加わる5人くらいの「いい波動」の輪を、まずは5つ。

核を持った人が集まれば、しあわせの輪っかはどんどん広がっていくことでしょう。

社会のために貢献することも、平和を祈ることも大事。

だけど、まずは自分のいちばん濃密である、身近な人たちを、「いい波動」で充満させるのです。


冒頭でジョン・レノンに関するジョークネタを挙げましたが、これは言葉の綾《あや》。ほんとうはそんな底の浅い話ではありませんね。

実際のジョンは、積み上げた名声、莫大なお金と権利、何でも思いどおりになる権力など、自分を縛るすべての鎖を振りほどき、世界中を敵に回してでも、新たに出会ったソウルメイトとともに歩む道を選びました。

これが彼の魂にとっての答えだったからです。

最も効果的な願かけ

「○○に、なりますように」
「○○に、なりませんように」

誰もが常に、何かを願い祈っています。神様を信じる人は神様に、そうでない人は心ひそかに。多くの人は都合よく、自分が願ったとおりに叶えばよし、叶わなければ「神も仏もいるものか」と自分以外のもののせいにする。

実は望みが叶わなかったときにこそ、しあわせへの道が開けるということを、多くの人は知らないのです。

思惑が外れたとき、望みとは正反対の答えが返ってきたときこそ、その結果をどんと引き受け、乗り越えられることを自分に証明してください。

「どんなに泣き叫んでも、なるものはなる、ならないものはならない。どうせそうなら喜んで！」

私の祖母が失明したときにたどり着いた境地です。

祖母はまた、よくこんなことも言っています。

「神を軽く使ってはいけない。神を利用しようとしてはいけない」

少し前までの私は、この言葉の本意を理解することなく、絶望の淵《ふち》で自分の願いどおりにいくよう、必死に神様に祈りました。でも、「神様に護《まも》られる」ということは、人間の勝手な算段で、その人に都合よく事態が転がることではありません。むしろ、精一杯やってうまくいかなかったときこそ、それは自分にふさわしい道ではなかったのだと考え、謙虚に軌道修正することが大切なのではないでしょうか。

長い魂の迷走の末にようやくこの考えに行き着いたとき、私は神を前にしたときの願い方がこう変わりました。

「神様、どうか私の中のずるい心、弱い心に負けませんように。しっかり自分と闘えますように」

また、神様に祈るのとは別のやり方で、しあわせの願かけをする方法があります。

私の友人で潤子さんという人がいます。彼女には息子と娘がいて、どちらも結婚しています。彼女には、自分の娘を離れた土地に嫁がせてから心がけていることがあります。

それは、息子のお嫁さんをわが娘のようにかわいがり、常に気持ちよく接すること。

「もちろん、嫁がいい子で懐いてくれるからというのがいちばん大きいけど……」

潤子さんは嫁姑仲のいい秘密をこんなふうに教えてくれました。

「嫁を大切にすれば、自分の娘も嫁ぎ先でかわいがってもらえるような気がするの。ちょっとした願かけの意味もあるのよ」

控えめで賢明な潤子さんは、決して娘の嫁ぎ先に乗り込んで、

「どうぞ娘をかわいがってやってください、お願いします」

などと頼み込んだりはしません。もちろん、ご挨拶はしますが、家を出た娘さんはもう新しい家庭を築いた一社会人です。自分が介入するのは、よほど切羽詰まった問題が起きたときだと考えているようです。

その代わり、自分の息子に嫁いでくれたお嫁さんを自分の娘のように大切にすることに専念しているのです。

そのことが直接娘のしあわせにつながっているわけではなくても、その愛の祈りは

巡り巡って、必ず愛娘《まなむすめ》に届くはず。
そんなしあわせの願い方、素敵と思いませんか？

まずは自分が、自分の一番の親友になる

大人になると、なかなか心許せる親友を作るのは難しいという話をよく聞きます。確かに、幼なじみや思春期をともに過ごした同級生に比べると、社会に出てから知り合った人が、心からわかり合える親友の関係に発展する例はあまり多くないかもしれません。

なぜでしょうか。

それは、年を重ねるほどにさまざまな情報と知識を得て、その分先入観に縛られ、純粋に「好き」でつながる関係性を築きにくくなるから。

どこに住んでいるか、学歴はどうか、どんな職業か、どんな会社で働いているか、どんな育ちか、交友関係はどうか、自分と釣り合うか……本来友情とは関係ない要素

も、相手とのつきあいに影響を及ぼすようになることで、親友が作りにくい状況に陥っているのです。

もっと物理的な理由もあります。

「気がつけば親しい友人が一人もいない」

という悩みを相談に来たクライアントさんがいました。美咲さん30歳。

衣類の量販店で販売員として働く彼女は、誰かと休みを合わせて遊ぶこともないし、昔からの友人の集まりにだんだん呼ばれなくなってしまったと言います。

「勤務時間も休みも不規則だし、いつの間にかおひとり様が身についてしまったんですよね」

と、寂しく笑う彼女は、いわゆる「ブラック企業」の犠牲者なのかなと、最初は思いました。

しかし、話を聞いているうちに、彼女に心許せる友人ができないのは違う理由ではないかと感じたのです。

「親が世間体を気にする人たちで、いい子にしていなければいけないと厳しく躾《しつ》けられて育ちました」

そういう美咲さんは、幼いときから人に嫌われてはいけないという「禁止令」に沿って脚本を書いてしまいました。

誰からも好かれようとするあまり、ついつい八方美人になってしまいます。けれども、そんな性格では結局誰からも信用されないのです。「いい人」を演じることで、何とか人間関係を構築しようとがんばるのですが、長く続く友はこれまで一人もできませんでした。

便利ではあるけれど、誰も心を開いてはくれない。頭数でしかない存在。

カウンセリングを進めるうちに、そんな悲しい自分に気づいて、美咲さんはひどく傷つきました。

「私自身、誰かにとって特別になりたいなんて言いながら、本当は誰にも心を開いていなかったんですね。でも、それって自分にとってはとても怖いことなんです」

「なんだか、仕事をしていると、自分が毎日たたんでいる量産型のシャツやパンツが、自分の姿と重なってやるせなくなりました。このシャツがなくても、特にお客様は困ることなく、似たようなシャツが選ばれるんですよね」

そんな言い方でひどく落ち込む美咲さんに私は言いました。

「親友、何人欲しいですか？」

「一人でもいいから、心から許し合える誰かが欲しいですね」

「どんな人がいい？」

彼女は少し考えて「う〜ん、素敵な人かな。でも、私を好きになってくれる人なら誰でもいいかな」

「だったら、まず、最初の一人にあなた自身がなったらどうでしょう？」

「え？」

意外な答えだったようで、美咲さんは思わず顔を上げました。

「自己開示は返報性の法則。つまり、相手に心を開いてもらいたいのなら、まずは、自分から心を開きましょうということですよね。だけど、あなたにとってはそれはハードルが高いのでしょう」

「はい」

「だったら、まずは自分に対して、心を開いてみてください。そして自分が自分にオッケーを出せるように、自分を好きになってあげない？　あなたは自分のことが好き？」

「……いいえ。そんなこと考えたこともなかったけど、私、自分のこと、嫌いです」

「自分でさえも好きじゃない自分を、他人に好きになってと求めるのは難しくないですか？

美咲さんがお店で売っているお洋服たちも、あなたがいいところを見つけて好きになれば、それを自信を持ってお客様に勧められますよね？」

このたとえが、美咲さんの心にヒットしたようでした。

「そっか、そうですよね。私、自分で自分のことが嫌いだったから、自信を持って、自分をアピールできなかったんだ！

こんな単純なことに気がつかなかった」

「そうですか。では、自分で自分の好きなところを見つけるところから始めましょうか」

こうして美咲さんは、悩みの本質的なところに行き着きました。
その後、彼女は自分の好きなところを少しずつ見つけそれを認めるところから、自分に対して心を開くようになりました。それだけで彼女は徐々に変わり始めたのです。完全に他者に対して心を開くにはまだ少し時間がかかるかもしれません。でも、少なくとも彼女は第一歩を踏み出しました。

まずは自分を好きになる。
あなたは、あなた自身の最高の友でいられますか？

第7章【事例集】

「運命の脚本」を書きかえて、しあわせを引き寄せる

この章では、魂が望むしあわせに向けて「運命の脚本」を書きかえ、新たな道を歩み始めた人たちの事例をご紹介します。

これらは、私のまわりの友人知人、カウンセリングを行ったクライアントさんの実体験をもとに、フィクションとして再構成した「脚本書きかえの旅」のドキュメンタリーです。

私は、彼らが自分自身の脚本を意識して、それを書きかえる過程に寄り添って気づきのきっかけを示唆《しさ》したり、ときには軌道修正したりしてサポートしてきました。実際には行きつ戻りつ、自分に向き合う苦しさに途中で挫折しかけることもありました。

人によっては子どもの頃に書き上げた「運命の脚本」があまりにも強固で、これを書きかえるには長い時間と忍耐が必要なこともしばしばです。

でも、それを成し遂げて到達する新しい道は、「宿命の脚本」と「運命の脚本」が見事に嚙み合い、真に魂が望む場所へ連れていってくれるのです。

そのときの彼らの表情を見ると、寄り添って伴走した私も達成感で満たされます。

ケース1　夫の世話に明け暮れる自分に疲れた由美子さん

名前……松岡由美子
年齢……38歳
職業……主婦
家族構成……夫と実母。4つ違いの弟が結婚して隣の町に住んでいる
カウンセリングの目的……夫との関係が息苦しい

由美子さんは、私の友人です。

お医者さんの奥さんで、裕福に暮らしているはずなのに「いつも忙しそうに駆け回っている働き者」という印象がありました。

一緒に出かけても、3時を過ぎる頃になると決まってソワソワしだして、

「そろそろ買い物して帰らないと」

と言い出すのです。

「え、もう？　もう少しゆっくりしていこうよ」

一緒に行った友人たちは止めるのですが、

「パパが帰ってくるまでにご飯の用意しておかないと」

と、そそくさと帰り支度を始めます。

よっぽど厳しいご主人なのかと思えば、何度かお会いしたときもニコニコして、

「いつも妻がお世話になっています」

と挨拶をする様子は、いたってのんびりした優しい性格に見えました。

「もっとゆったり構えていたらいいのに」

と思うこともありましたが、長いつきあいの中で、もともとそういう性格なんだろうと受け止めていました。

そんな由美子さんが、あるときあらためて、

「夫とのことで、マリさんのカウンセリングを受けたい」

と言ってきたので、少々意外に思いました。

「ごめんね、忙しいマリさんにこんな些細な悩みを聞いてもらうなんて、贅沢な主婦のワガママと思われそうだけど」

「どんな悩みだってその人の心を苦しめていれば、それは些細な悩みなんかじゃないよ。長いつきあいだけど、話はカウンセラーとして聞くから、安心して話してね」

恵まれた主婦のジリジリ・モヤモヤ

由美子さんは、ご主人と実のお母さんとの3人暮らし。

大手メーカーの取締役だったお父さんは、由美子さんが成人してからガンで亡くなりました。専業主婦だったお母さんは、お父さんが遺してくれた遺産と保険金と持ち家があるため、それまでと変わらない暮らしを維持しています。

由美子さんがご主人と結婚するとき、当時まだ勤務医だったご主人を迎え入れる形で同居することになりました。

「一軒家に一人で暮らすのも心細いし、いずれ独立するときのために節約できるところは節約したほうがいいでしょう」

というお母さんの申し出をありがたく受けて、入り口は一つ、台所とバス・トイレは別に設え、家計も別々という形での同居生活が始まりました。

「俗に言う『マスオさん』スタイルでの同居を母がかなり気にして、できるだけ私たちの生活には口を出さないようにしてくれてると思う。夫婦でもめたときには、わざと彼の肩を持っているのがわかるほど気を遣ってくれたり」

「弟さんは？」

「結婚して家を出て、会うのは父の法事と盆暮れくらいかな。母も、『男の子は結局、お嫁さんに取られちゃって、あんなに大事に育てたのにつまらないわね』

なんて伯母《おば》に愚痴ったりしてるみたい。自分も同じことしてるのにね」

その後、ご主人は独立して、地域に密着した腕のいい開業医として評判を呼んでいます。開業時には由美子さんも内装を一緒に考えたり、事務を手伝ったりとかいがいしくサポートしましたが、クリニックの経営が軌道に乗ってくると、ご主人の職場に通うこともなくなりました。

趣味のステンドグラスを習ったり、料理教室に通ったり、世間から見たら絵に描いたような「裕福なお医者様の奥様」の暮らしを楽しんでいるようでした。

「でもね、何か違う気がする。自分はこんなことをしていていいのか、いつもジリジリ・モヤモヤしながら生きているような……うまく口では言えないけど」

「そう。だったらまず、その思いを口で言えることを目指しましょうか」

こうして、なんだかうまく言えないけどジリジリ・モヤモヤしている由美子さんのカウンセリングがスタートしました。

「好きなことをすれば?」は、私はもう用済みってこと!?

「みんなで出かけても、由美子さんはいつも『パパが帰ってくるまでにご飯作らなきゃ』って先に帰っていくよね。だいたい3時くらいにはいつもいなくなる」

「そうね。主人が働いているのに、遊んでる私が遅く帰るのは申し訳なくて」

「毎日ってわけでもないのに、一日でもそうなるのはダメだと思うの?」

「うーん、それはクセというか、一回たがを外すとズルズルとそれが当たり前になるのが怖くて」

「由美子さん、そんなに自分がだらしない人だと思ってる?」

「いや、むしろきちんとしてないと気持ち悪いほうかな。だからたとえそれが一度でも、きちんとしてないとダメなのかも」

「3時に買い物して帰って、台所に立つのが4時くらいかな？　ご主人が帰るのは何時？」

「だいたいいつも7時くらい」

「毎日2時間半もかけて晩ご飯作るの？」

「まあ、その前に家をきちんと片付けて、夫が家でくつろぐための準備もするから、ご飯の支度は余裕を持って1時間半くらいかな」

「すごいね、完璧な主婦を目指してる？」

「そういうつもりはないんだけど、やるべきことはやっとかないと落ち着かないから」

「そっか。由美子さん、それで疲れちゃったかな」

話をカウンセリングに訪れたそもそもの原因に向けてみました。

「そうかもしれない、私は毎日こんなにがんばってるのに、主人はそれを少しも認めてくれない。一言でも『ありがとう、助かるよ』とか『ご飯美味しいね』とか、何か言ってくれたら私も少しは報われるのに。

あの人が自分の才覚でいい評判を集めて、どんどん成功していってるのはわかるけど、クリニック開業の頃、私もずいぶん協力したのよ。それなのに用済みになったら、『君は好きなことをやったら？』

って、ひどいと思わない？」

「どうしてひどいと思うの？　好きなことしたらいいって言ってくれてるんでしょう？」

「だって、毎日主人のために3時に用事を切り上げて帰ってるのに、それで好きなことなんてできるわけないじゃない。私は主人が元気で仕事ができるように家で支えてるのに、それをまったく認めてくれないのって、やっぱりひどくない？」

じゃあ「私の好きなこと」ってなんだろう

ご主人への不満を口にすると、感情がどんどん高ぶってくるようなので、話を少し変えてみます。

「もしご主人の縛りがなかったら、由美子さんがやりたい『好きなこと』って何？」

「え？」

彼女はちょっと不意を突かれたように黙り込みました。

「……なんだろう。特に思いつかないかもしれない。何をしても夫のことが気になって、それ以外にすることが思いつかない」

「そっか。じゃあね、心の中のわかりやすい場所にその質問を置いておこう。そして、何かちょっと引っかかることがあったら自分に聞いてみて。

『私がやりたい〝好きなこと〟ってこれかな』って。〝好きなこと〟を無理やり作る必要はないけど、きっと由美子さんの心の奥に答えがあると思うから」

モヤモヤの本当の原因は母だった

由美子さんが次にカウンセリングに訪れたとき、それはまだ形として現れてはいませんでした。

でも、『自分がやりたい好きなこと』を夫とは別のところに探し始めたことは、夫婦の間にも少し風穴を開けたようでした。

「これまで、夫のすること言うことがいちいち気に障《さわ》っていたけど、あまり気にならなくなったかもしれない。私が不機嫌な顔をやめると、夫もちょっと安心するのか、昔みたいに会話が戻ってきたの。それだけでもカウンセリング受けてよかったと思うわ」

でも私は、ここがカウンセリングの終点だとは思っていません。

問題は本人が思っているところではなく、まったく別のところにあることが多いのです。潜在意識はその本質を未消化なまま封印して、自分自身にさえ隠すのです。

私はさらに深く、由美子さんの潜在意識にアプローチしてみます。

「お母さまはお元気？」

「お母さまとの関係は、どんな感じ？」

「え？」

私は、由美子さんが駆り立てられるように夫のため、夫のためと自分を縛っていたその大もとは、お母さんの縛りなんじゃないかと仮説を立て、その可能性を探ろうと思いました。

たとえば、何かやろうというときに、環境やまわりの人を理由に実行しない人がいます。

『子どもがいるからできない』

『上司がウンと言わないだろう』

『もっとお金があればできるんだけど』

『専業主婦にできるわけない』

そんなふうにストップをかけてしまうのです。よくよく心の中を探ってみると、実は幼い頃の記憶が鎖となって自らを縛りつけているというケースは少なくありません。

「ご主人はうるさくあなたを縛りつけようとするの？」

と聞くと

「全然。これは私の性分なんだろうけど、自分がそうしないと気がすまないだけ」

と言う由美子さん。その潜在意識の中には、もしかしたら夫以外の原因が潜んでいるのかもしれないと、私は考えたのです。

「人は何か問題があると、その原因をすぐ近くにあって目に見えやすいものに求めがちなの。でも、本当は幼い頃に自分が作った『禁止令』の鎖に縛られていたというケースが多いのよ。何か心当たりない？」

「お母さん」という言葉が出たとき、由美子さんの表情が一変したのがわかりました。

ついに現れた、幼い頃の傷跡

しばらく、黙り込んだあと、彼女は、

「マリさん、そうなの。実はね……」

と、話し始めました。

幼いときから彼女はずっとお母さんに気を遣い続けてきました。物心ついたときには、4つ下の弟を守るお姉さんの役割を期待されていました。弟のいる長女にありがちなことですが、『お姉ちゃんだから』と何でもガマンさせられて育ったのです。

話しているうちに、由美子さんは突然、子どもの頃のあるできごとを思い出しました。

それは、近所のおばさんから不二家のチョコレートをもらったときのこと。大喜びで家に持って帰ると、お母さんは言いました。

「お姉ちゃんなんだから、弟に先にあげなさい」

弟が嬉しそうにチョコを食べるのを見ながら、なんで自分はこんな思いをするのか、理不尽な気持ちで一杯になりました。

その一方で、『お姉ちゃんなのにチョコレートのことなんかでグズグズ言うのはダメなこと』という気持ちが働き、お母さんに抗議することもできません。何ともモヤモヤしたまま、『お姉ちゃんだから』『ガマンしないと』という気持ちだけが残ったのです。

一度記憶の扉が開くと、由美子さんの記憶はどんどんよみがえってきました。

「そういえば、こんなこともあった。

私、子どもの頃からテニスに憧れていて、ずっと高校生になったらテニス部に入ろうって決めてて、ようやく念願叶って入部したのよ。もう楽しくて楽しくて。それなのに、

『帰りが遅くなるからダメ』

って、母に禁止されちゃったの。ああ、またかって思ったわ」

あんなに好きで楽しいことをやめさせられた。

このことが、もともと幼少期に由美子さんが書き上げて、それに沿って生きていた「お姉ちゃんだから我慢しなくてはいけない」という「運命の脚本」をさらに強化することになったのです。

「楽しんではいけない」という「禁止令」をしっかり刻み込んで、自分は「好きなことをしてはいけない」という脚本が書き加わりました。

気がつけば由美子さんは、涙を流しながら思いを吐き出していました。

「私は母にずっと気を遣って生きてきたのね。それが当たり前だと思い込んでいたけど、考えてみたらずいぶんガマンしてきた。弟が結婚するときだって、母は当然同居するものだと思っていたのに、お嫁さんの意向で別居ということになって、散々私に愚痴ってきた。

だから私は母を一人にするわけにはいかないと思って、その頃つきあっていた夫に頼み込んで同居にしてもらったの。それなのに、お母さんは『自分だけが夫に気を遣ってる』みたいに思って、何かあると夫の前で私のことをけなしたり怒ったりするのよ。

『旦那さんは、ほんとうに優しくていい人なのに、なんであんたはそんなワガママなの』

って。そういえば今思い出した。一度、ちょっと帰りが遅くなったとき、

『旦那さん放っておいていいの』

って言われたことがあった。あれからかな、私が絶対に夕食の時間を遅らせないようにがんばりだしたのは。

ほんとね、私、パパじゃなくて、お母さんの顔色気にして気を遣ってた」

おとなしい姉はなんでもガマンした

思えば人間の子どもにとって、兄弟という制度は理不尽なものです。

他の動物なら、親は子どもたちに餌を与えればそれで責任はまっとうできます。

しかし、人間の子どもは、成長するためにさまざまな要求を親に突きつけます。食べ物・飲み物・排泄の世話は最低ライン、それだけでは赤ちゃんは生きていけません。抱っこの心地よさと安心感を求め、構ってもらい遊んでもらうことで愛情を確認します。少し大きくなればしつけと教育が求められます。

子どもが求めるさまざまな要求に、親は精一杯応え、引き替えに子どもから幸せをもらいます。けれど、求められる要求が際限ないので、親はそのすべてに応えることはできません。

足りないところを、子どもたちは何とか折り合いをつけ、人生の悲しみや寂しさとして自分の中で消化して成長していくのです。人は生まれながらに愛を求め、決して完全には満たされず、その満たされない部分を隠しながら、人との関わりの糧《かて》にします。

そう考えると、子どもにとって兄弟は、生まれて初めて出会うライバルと言えます。同じ親を共有するのですから、お互いに全力で愛情を求めていくのです。そのうちに力関係を理解し、年齢に応じた親の関わり方から、愛情を分かち合うことを覚えていきます。

そんななかで、おとなしい子、優しい子、わがままを言わない〝いい子〟、さまざまな要因で思い切り親を求めることができない子に対し、親が適切に対応できなかった場合、その子は押さえつけられ、親に要求しなくなるのです。「こんなもの」と考えて、いちいち疑問を持たなくなるからです。

家族のなかで、由美子さんはずっと長子の役割を引き受けてきました。下の子のためには我慢するものだという脚本を生きてきたのです。

だから、いちいち疑問を持つ前にあきらめ、親の言うように振る舞い、それによって少しでも愛情を自分のほうに向けようとがんばってしまったのです。

『その一言』を口にする勇気から始まる

「私が子どもの頃からお母さんの言うことに縛りつけられてきたっていうのは、よくわかった。

だけど、だったらこれからどうしたらいいの?」

ここまで来たら、あとは少しずつ軌道修正していけばいいのです。

「そうね。まず、小さいことからやってみようか。

旦那さん、ご飯作らなくて何か言ってくることないって言ってたよね。だったら、どこかに出かけるとき、

『今日、ちょっと遅くなるけど、ご飯作っておくから、先に食べてもらっていい?』と言ってみよう。できそう?」

「大丈夫だと思う」

由美子さんは、早速実行しました。

「言い出すとき、けっこう勇気がいった。ダメって言われたらどうしようとか、どう思われるだろうとかいろいろ考えて。そんなにうるさい人じゃないってわかっているのにね。

がんばって言ってみたら、特に何も起こらなかった。夫は、

『別にいいよ』

って特に文句もなく許してくれて、久しぶりにゆっくり友達と買い物して、ご飯食べてきた」

「お母さまは？」

「何も言わなかったよ。もし何か言われても、今なら『彼がいいって言うから大丈夫』って言えると思う」

「それは、よかったね」

「次はどうしたらいい？」

「これまで自分が『これをやったらダメ』と思ってやらなかったことを一つずつ、ご主人に
『これやってもいい？』

『○○するね』

と、いちいち確認してから実行してみて」

「なんかドキドキするわ」

「大丈夫。もう一歩を踏み出しているんだから。

お母さんが何か言ってきたときには『彼がいいって言うから大丈夫』と言えば平気

だと、言い聞かせて、がんばって続けてみて」

こうして、由美子さんのセッションは終わりました。

これはもう7年ほど前の話です。

由美子さんが変わったのは、「〇〇していい？」の一言が言えたから。自らを縛りつけていた幼い頃からの「禁止令」が、その一言でスルスルとほどけ、彼女は自分が好きなことをすることを、自分自身に許したのです。

その後、由美子さんは誰もが驚くくらい性格も行動もガラリと変わりました。自宅とご主人の家に眠るアンティーク器を販売するネットショップからスタートして、今では海外から買い付けた雑貨や工芸品を展示販売するギャラリーの経営者として、忙しく駆け回っています。

そして、イキイキ輝く彼女に、ご主人は魅力を再確認したようで、二人の仲もとてもよくなったのです。

ケース2　裕一さんが幼い頃の夢と再会するまで

名前……笹本裕一
年齢……33歳
職業……大手商社勤務
家族構成……二人兄妹の長男。独身。両親と2歳年下の妹の住む実家を離れひとり暮らし
カウンセリングの目的……職場の人間関係に関する悩みを解消したい

裕一さんが私のカウンセリングルームに現れたとき、あまりにも疲れた顔をしていたので、思わず

「お体の調子はどうですか?」

と言ったほどでした。30代に入ったばかりだというのに、肝臓が悪そうな冴えない顔色と、胃でも痛むのか苦しげな表情のせいで10歳は老けて見えました。

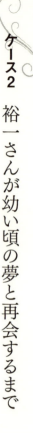

「健診なら毎年受けています。肝臓と胃に少し危険値は出ていますが、今すぐ治療が必要なほどではないと言われたので、生活習慣に気をつけるようにしています。

それよりも、30歳を過ぎてから何となくいろんなことが噛み合わなくなってきた気がして、それで知人の紹介でこちらにご相談させていただくことにしました」

とてもていねいな話しぶりから、几帳面《きちょうめん》で律儀な性格がうかがえます。

今の状態を聞いてみると、

「仕事場での人間関係が何となくギクシャクしている」

「職場で強権的な上司に目をつけられ、パワハラまがいの叱責を受ける」

「こんなことをしたくて会社に入ったのか、などと考えてしまう」

「夜なかなか寝付けないのに、朝は目覚ましより早く目がさめてしまうので、疲れが取れない」

という、抑うつ症の前兆が見られます。

「勝ち組」を歩いてきたはずなのに

裕一さんの成育史を聞いてみると、世間的に言う「自慢の息子」路線を一直線に歩んできたように見えます。

銀行員だったお父さんは、家族の中でも大黒柱として大きな存在感を持っていました。家の決定権はお父さんが握り、お母さんは、何をするのもまずお父さんを第一に立て、自分は家を守ることに専念している典型的な昭和の専業主婦。

お父さんと遊んでもらった記憶はほとんどありませんが、裕一さんは、しっかり働いて家族を支えるお父さんを尊敬して育ちました。

学校での成績は常にトップクラスで、お母さんに言わせると生まれてから今までずっと「手のかからない子」だったそうです。

中学受験で入った中高一貫の名門校でも常に上位10パーセントの成績をキープし、そのまま国立大学の法学部に入って、卒業後は一流企業に勤める。絵に描いたような「勝ち組」コースを歩んでいると、まわりも自分も信じて疑いませんでした。

「それが、30代に入った途端、なんだか全部の歯車が狂ってきたような気がします。出世してナンボの会社の中で、一度立ち止まると取り返しのつかない遅れになって、敗残者とみなされるんです。それなのに、最近は何をやってもうまくいかない。プロジェクトリーダーを任されることが増えたのですが、若い奴らが言うことを聞いてくれないんです。勝手に動かれて失敗は全部こっちに責任がかかるし。また上司がひどくて……（以下、中間管理職によくある話なので省略）」

もちろん、いくらよくある話であっても、この悩みはこの状況に置かれた裕一さんだけのものです。彼が語る事実一つひとつに注意深く耳を傾けてカウンセリングは進みました。そのうちに、私は彼の抱える問題の本質が、職場での人間関係ではないことを感じたのです。

このクライアントさんは「運命の脚本」を書き上げる段階で、自分の魂の意志とは違う方向に無理やり進む道を変えてしまったのではないか。そう思ったので、もう少し詳しく子どもの頃の話を聞いてみました。

バイクのメンテナンスは何時間でも見ていられた

「あんまり覚えてないんです。小学校は地元だったので、多分普通に近所の子たちと遊んだりしていたんだろうけど、4年生からは進学塾に通い始めて、つきあいは塾友達が多かったかな。とは言っても、母が送り迎えしてくれたので、行き帰りにどこかに寄ることもなかったし、塾でちょっと話すくらいだったけど」

「どんな話をしましたか？」

「普通にゲームとかアニメとか、そういうのを禁止されてた子もいたけど、うちは時間を決めて少しなら許されていたから。あと、好きな子の話もちょっとしたかな。まあ、他愛のない小学生の会話ですよ」

「好きな子はいたんですか？」

「うーん、塾にちょっといいなと思う子もいたんですけど、その子も含めて基本的にみんなライバルっていうのはどこかにあって、心を許す関係は築けなかったですね。毎週のテストで席順が決まるようなスパルタ塾だったので」

少し方向を変えて、子どもの頃の夢について話を向けてみました。

「特に何か職業を目指したことはないと思うけど……幼稚園のとき七夕の短冊に『仮面ライダーになりたい』って書いた写真が残っているから、きっとそうだったんでしょうね……あっ、そういえば！」

そこで急に何か思い出したようでした。


実は裕一さんは子どもの頃からオートバイが大好きでした。

幼少期の特撮ヒーローになる夢は、やがてレーサーに対する憧れへと育ちました。

小学校3年のとき、近所のバイクショップで若い工員さんたちがバイクを整備しているのを見てメカニックに興味を持ちました。それからは、学校帰りにショップのガレージに通うようになったのです。

そこで特に何をするでもなく、ただじっと若い整備士のお兄さんたちがバイクのメンテナンスをしているのを見ていると、時間が経つのも忘れるのでした。そのうちにお兄さんたちとも顔見知りになり、言葉を交わすようになりました。

母親は、彼のガレージ通いを心配して、再三やめるように言いましたが、バイクの面白さにはまりこんだ裕一さんは聞く耳を持ちませんでした。

「バイクなんてろくでもない」

あるとき、ついに彼のガレージ通いが父親の知るところとなり、裕一さんとともに母親が強く叱責されたのです。

「あんな連中とつきあっていたらろくなことにならない。裕一の躾はお前に任せてあるのに、どうしてこんなことになった」

謝り続けるお母さんの横で、裕一さんは身を固くしてお父さんの怒りの言葉を聞き続けました。こんなに怒られたのは生まれて初めてでした。

これ以後、バイクショップに行くことを禁じられ、学校が終わったらまっすぐ帰宅し、中高一貫の名門校に入るため、受験塾に通うことになったのです。お母さんは、

「中学に受かるまでのガマンだから」

「あなたの将来の幸せのためなら、お母さんもがんばっちゃうわよ」

と叱咤激励しながら、毎日お弁当を作り、学習塾への送迎をしてくれました。

本当はバイクショップのお兄さんのように工業高校に進学して、車やバイクについて学びたいとひそかに思っていたのですが、とてもそんなことを言い出せる雰囲気ではありませんでした。

自分のためにまたお母さんが叱られるのは嫌でしたし、父親に、

「バイクなんてろくでもない。あんな不良連中とつきあっていたら、お前の人生がダメになる。つきあう相手次第でその人間の価値が変わるのだ」

と言われたことが、強く心に刻み込まれたのです。

記憶から消え去っていたバイクへの思い

こうして、裕一さんは自分のひそかな夢を封印し、受験勉強に専念して見事に名門中学に入学しました。もともと地元の友達とのつながりは希薄でしたが、ここでほぼ完全に地域とのつながりが断たれました。

「合格するまでのガマンだから」

と言われて入った中学ですが、そこでの競争も熾烈《しれつ》でした。各地から頭のいい子が

集まる学校で、成績を維持するだけで精一杯。それなりに学校内での楽しい行事や青春らしい甘酸っぱい思い出もありましたが、

「本当に楽しむのは大学に入ってから」

と、再びエンジンをかけ直したのです。がんばり屋の裕一さんは努力を続け、がんばることが習慣になりました。やがてあれだけ夢中だったバイクへの思いは、まるで夢から覚めたように記憶の彼方に消えていったのでした。

このバイクに関する一連の記憶が、今までほとんど意識に上らなかったことに、彼自身驚いていました。

「きっと自分にとって必要ないから切り捨てていたんですね。ずっと未練を持ったままだったら、その後受験を乗り越えられなかっただろうし、今の会社に入ることもなかったでしょうから。

そう思うと、あのとき両親が正しい道に戻してくれてよかった。でなければあのまま勉強そっちのけで、今頃バイクの整備士になっていました」

裕一さんは本心からそう思っているようでした。

でも、それにしても今の状況はどうでしょうか？

「いや、もちろん今がいいと言ってるわけではないんです。現状を何とか抜け出したくてここに来たんです。だけど、それと何もわからない子ども時代の夢と、どんな関係があるんですか？」

あえて自動車関連には就職しなかった

ここまでこの本を読んできた人ならおわかりでしょう。

裕一さんがそれに沿って生きる「運命の脚本」と、魂が渇望する生き方との間に亀裂が生じ、年を重ねるごとにその溝が大きくなってきているのです。

裕一さんの潜在意識が思い描くしあわせの原点は、整備士のお兄さんたちが仕事をしているなか、その様子を見ている自分に気づいた一人が、作業場に招き入れてバイクの話をしてくれたあのとき。ガソリンと機械油の匂いの漂うあの場所。

でも、両親はじめ世間の常識では「せっかく頭がいいんだから、いい学校を出て、お給料のいい会社に入って、やりがいのある仕事をする」のが幸せへの最短距離だというのです。

裕一さんも自分で薄々わかってはいました。

自分が大好きなものを封印して、世間で言う成功、親の考える幸せに向かって走り続けていることを。この道を選択したのは自分だと思い込もうとして、その中で必死で成功を目指していたのです。


実は大学に入ったとき、自動二輪免許は取っていました。お母さんは心配したけど、ずっとがんばってきた息子のことを思えば、そのくらいいいじゃないかと父親は珍しく肩を持ってくれました。こうして裕一さんは、合格祝い代わりにオートバイを買ってもらい、それで大学に通っていたのです。

「あまり褒められた記憶もない父親に、ようやく認めてもらった気がして嬉しかったですね。初めて自分のものになったバイクも、すごく愛しくて大切にしていたつもりです。

だけど、何となく違和感も覚えていました。

『こんなことにかまけていていいのか、もっとやらなきゃならないことがあるんじゃないか』という声に追い立てられるような気がして、バイクを楽しむことに罪悪感があったのかもしれません。

だから、これは通学の足として必要なんだと思い込もうとしていた気がします」

そう言う裕一さんは、就職活動も大手総合商社を中心に、名の通った大企業に絞って選びました。

「あえて自動車関連メーカーを避けて商社を選んだのも、どこかで好きなものを封印している力が働いたのかもしれませんね？　また、お父さんに言われた『バイクなんてろくでもない』という言葉がずっと残っていて、そこに関わることが自分をろくでもない人生に引きずり込むことになるんじゃないかと、恐怖感があったのかもしれません」

「人を磨いてくれるのは人でしかない」

ここまで掘り下げるのに、ずいぶん時間をかけました。

そうして忍耐強くセッションを繰り返すことで、裕一さんが潜在意識の中に抱えている問題は、少しずつ露《あら》わになってきました。けれども、それが職場の問題とどうリンクするのかは、まだ結論が出ません。

「自分の内面的な問題についてはわかりました。だけど、これが今のこの状態にどう関わっているのか、それがいまひとつ理解できません。それとも、僕は会社を辞めて、子どもの頃の夢だったバイクの仕事に就き直すべきとおっしゃるんですか？」

「いえいえ、まあ、そんなすぐに結論を出そうとしないで。今、バイクの仕事に転職しても根本的な問題は解決しないでしょう」

「じゃあどうすれば」

彼らしくない挑発的な物言いは、自分の中でいちばん向き合いたくない部分に切り込みつつあるからなのです。

「現時点であなたの問題は、職場の人間関係ですね。

ご自分の成績を上げようと夢中で駆け抜けた20代と違い、所属する課やチームで責任ある立場につき、全体をまとめなくてはならないようになると、どうしても人間関係に対する洞察や、他人を受け入れる柔軟な思考が大切になってきますよね。

昔から、人と深く関わったり、激しく対立したりは、してこなかったですよね」

「そう言われると、確かに人と深く関わり合ったり、激しく対立したりということはあまりしてこなかったですね。だから、対人関係は今も苦手です。仕事も以前は割り切って、与えられた自分の職務に専念していればよかったんですけど……。職場の人間と関わるのが、一番のストレスかな。もしかしたら、それが原因で？」

「そんなふうには、決めつけないほうがいいですよ。今のご自分がこういう状態なのは、決して単純な原因によるものではありません。過去を悔やんでも、誰かのせいにしても、過去と他人は変えることができないのです。

ただ、一つ言えるのは、『人を磨いてくれるのは人しかない』ということです」

何歳になってからでも遅くはない

ここで大切なのは、裕一さんがこれまで避けて通ってきた問題と正面から向き合うことです。

「そこまで行くのに、あと一歩のところに来ているんじゃないですか？」

「避けてきた問題……自分がやりたいことを押し殺して、何も考えずに親の言うように勉強して、いい大学、いい会社に入って勝ち組になろうとがんばってきたこと、ですか？」

「どのように受け止めるかは裕一さん次第です。

ここでの気づきから、今の生活を捨ててまったく新しい生き方へと進んでいく人もいます。たとえば、年収一千万の収入と快適な都会生活を捨てて、田舎で農業を営んでいる元SEとか、会社をたたんで海辺の町で漁師を志す元経営者とか、時々ニュースで耳にすることはありませんか？」

「よくある脱サラみたいなことですね」

「もちろん、そういう選択もありです。

だけど、それよりも大切なのは、自分が幼かったとき、何の算段もなく『これをしたい！』と心から思った夢をまず認めてあげること。

親に愛されるために書いた脚本がどんなものだったか。

それを強化するためにどんな『禁止令』を自分に課したか。

何をあきらめ、代わりに何を追いかけているのか。

その『禁止令』は今も有効なのか。

今、手放していいものは何か。

一つひとつ自分に問いかけて、今、自分がどうしたいのか、あらためて自分の意志で決め直しませんか？

『運命の脚本』を書きかえるというのは、そういうことなんです」

「こんな年だし、もう手遅れでしょう？」

「遅いなんてことはありません。『運命の脚本』を書きかえると言っても、今の生活を変えなくてはいけないわけではないんです。変えるのではなく、もともと持っていたものに気づくだけでいいのです。

その先、自分がどうするのかは、それぞれの選択によるものですから」

居所を見つけた子ども時代の自分と再会

その後、裕一さんは、さらに時間をかけて今に至る自分の歩みを検証していきました。

その結果、ようやく自分を苦しめていた人間関係の問題の根源に行き着きました。

「僕にはプライベートで友人と呼べる人すらいなかったことに気づきました。人間関係は仕事で出会った人ばかり。いつも競争の中で生きていました。

マリさんが言われた『人を磨いてくれるのは、人でしかない』という言葉にハッとしました。父が言っていた『つきあう人間で人の価値が変わる』というのと対極の意味で、決定的に自分に足りていなかったものを教えていただいた気がします」

過去の自分見つめ、「運命の脚本」を書きかえる旅から戻った裕一さんは、何が何でも出世という考えが和らいだと言います。そして、しがらみのない人たちとのつきあいを求めて、久しぶりに近所のバイクショップに行ってみたそうです。

「昔かまってくれてたお兄さんはおじさんになってたけど、覚えていてくれましたよ。休みになったら、ツーリングにでも出かけようかと思っています」

職場の人間関係にも少しずつ変化が生まれたようです。仕事以外の世界に目を向ける余裕が出たことで、裕一さんの部下に対する当たりが柔らかくなりました。他愛ない会話の中にも穏やかな波動が加わり、それまでギスギスしていた空気が和らぎました。

「きっと、言いたいことも言えずに、やりたいことを封印された子ども時代の僕が、ようやく居所を見つけて笑ってくれているんですね」

最初にカウンセリングに来たときとは比べものにならないほど落ち着いた裕一さんの表情を見て、私も心から安心しました。

ケース3　他人の言動に振り回されて、いつも自分を犠牲にしている彩香さん

名前……谷川彩香
年齢……26歳
職業……メーカー勤務　経理担当
家族構成……母子家庭のひとりっ子。独身。既婚の恋人あり
カウンセリングの目的……ダメだとわかっていても不倫を繰り返してしまう

彩香さんは、私の友達の友達の伝手《つて》を辿ってカウンセリングにやってきました。相談内容は「恋愛の問題」。

まずは話を聞いてみます。

「今、つきあっているのは、38歳の取引先の営業マンなんですけど、その人、奥さんがいて、今二人目のお子さんを妊娠中なんです。それだけでダメですよね」

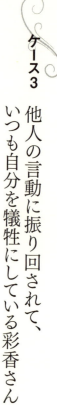

こういうときには否定も批判もしません。クライアントさんに思いを全部吐き出してもらうため、黙って先を促します。

「会社に出入りしているのを何度か見かけるうちに、ちょっといいなぁと思っていたら、お昼時に食堂で偶然一緒になって、あ、うちの会社、出入りの業者さんも社食利用できるんです。話しているうちに映画の話になって（……以下、ありがちな馴《な》れ初《そ》めなので略）」

「実は私、奥さんがいる男性とつきあうのは初めてじゃないんです。というか、今までつきあった人、全員結婚していたっていう……はい、だいたいみんな10歳くらいは年上でした。ファザコンって言われるんですけど、確かにそれは正しいかもしれません」

ダメだと知りながら繰り返してしまう既婚者との恋

彼女は、自分で話しながら、自分で話した内容をいちいち評価して先に進めていくタイプのようです。私は、質問をはさみます。

カルテには、母子家庭で育ったとあり、私はこう尋ねました。

「ずっとお母さまとお二人暮らし？」

「はい、私が小学校に入る頃、両親が離婚しました。母は詳しいことは話してくれませんが、多分他の女性を好きになって出ていったんじゃないかと思います。

だから、余計に奥さんのいる人はダメだって、自分に言い聞かせているんです。それなのに、いつもそういう相手とばかりつきあってしまうんです。

いろんな本を読んだりもしていて、もしかしたら私は恋愛に依存しているのかと気になって、友達にも相談してみたんです。でも、自分自身の気持ちがグチャグチャなのに、友達が批判的なことばかり言うから、すっかり混乱してしまって、できれば人間心理の専門家にちゃんと話を聞いてもらって、少しでも今の苦しい状態から抜け出すヒントをもらえたらと思ったんです。

やっぱり私、父親的なものを求めているんでしょうか」

「この時点で、あまり早急に結論を見つけようとしなくても大丈夫ですよ。

それよりも、彩香さんが育ってきたご家庭のことを、もう少し詳しく伺ってもいいですか？」

彩香さんの成育史・家族史はこんな感じです。

お父さんが家を出たのは6歳のとき。

彩香さんの入学式のまさにその日だったことが、幼い彼女の心を傷つけました。真新しいランドセルを背負っておニューのワンピースを着て、スーツのお父さんと着物のお母さんにはさまれて写真を撮ったのが最後の思い出でした。

その日の夜以来、お父さんは帰ってきませんでした。

残されたお母さんは、家中からお父さんの名残を片付け、翌月には保険の外交員の仕事を見つけてきて、それから女手一つで彩香さんを育て上げたのです。

父からも母からも愛された実感がない

「母には感謝しています。高校を出て働こうと思っていた私に、短大まで行かせてくれて、簿記の資格を取ることができました。今、何とか自立できているのは母のおかげです。でも、いつも私は母の重荷なんじゃないかという気持ちが強くて、母にはどうしても逆らえないまま、これまで生きてきました」

「反抗期はあった？」

「いえいえ、一日中働いて疲れ切って帰ってくる母に反抗なんてとてもできません。時々お酒を飲んで帰ってくるんですけど、そんなときは母のほうが酔っ払って子どもみたいにワガママ言うし、私は水を飲ませて着替えさせて布団敷いて寝かせるだけでした」


「お母さまはあなたに対してどんなふうに接してきましたか？」

「優しいときと冷たいときがありました。

私、顔かたちが父にそっくりなんです。大人になったら写真の父とますます似てきて、母としてはきっと腹が立つんだろうなと思います。

そのうえ、自分がいちばん憎んでる不倫の恋愛ばかり繰り返す娘なんて、憎らしくてたまらないんじゃないでしょうか」

「あなたの恋愛のこと、お母様もご存知なのですか？」

「もちろん、わからないようにはしていますが、やっぱり一緒に暮らしていれば、わかってしまうこともありますよね。そのたびに狂ったように泣き叫んで叱りつけられます」

　そして、彩香さんはぽつりと付け加えました。

「私、父親にも母親にも愛されたという実感がどうしても持てないんです」

「どうしてそう思うんですか？」

「父が出ていく前から、両親はずっと不仲で、二人ともいつも不機嫌な顔をしていました。私が何か言っても聞いてくれないことがたびたびあって、具体的な出来事は覚えてなくても、そのときの不安な感覚だけは今も心に残っている気がします。うまく言えないんだけど、何かちょっとあるとそのときの感覚がパーッとよみがえるようで、固まってしまうんです」

「何かっていうと？」

「たとえば、自分と話している人がちょっと不愉快な表情をするとか」

　空気を読みすぎる彩香さんは、誰に対してもつい卑屈な態度になってしまうのだそうです。それが相手を増長させ、恋愛に限らずいろんな人に利用されやすいのだと、自覚しています。

「だけど、どうしてもそうなってしまうんです」

「お父様とはあれから一度も会っていないのですか？」

「はい、母とはやりとりしていたらしいのですが、私に会うことは一度もありませんでした」

そのことも、「やっぱり自分は愛されていない」という気持ちを強める一因となっているようです。

「父のことは正直恨んでいます。どうして私を捨てて出ていっちゃったのって。今でも入学式のときの夢を見ることがあります。私を見捨てたお詫びのランドセルだったんだ、そう思って泣きながら目が覚めるんです。ほんとにたまにですけど」

「わかっている」のは意識の上でだけ

話を聞いていくと、彩香さんは自分が幼い頃に両親から（特に父親から）受けた傷について十分に自覚的だということがわかります。ダメだと知りつつ不倫の恋を繰り返してしまう理由が、父親を求めながら憎む自分の心が原因であることに気づいています。

それなのに、まるで自分を傷つけるかのようにつらい恋愛にばかりはまってしまう彩香さんに対して、どんなふうにカウンセリングしたらいいのでしょうか。

「男性との関わりということでお話しすれば、大人が恋愛することについて、カウンセリングでこれはダメだからやめさせるとか、これが正しい形だとかいう定石はないんです。わかっているのにやめられない、というのは、あなたの本心がやめたくないと思っているからではないでしょうか。

恋愛は、そもそも人生を華やかに彩る楽しいイベントみたいなものです。何を楽しいと思うかは人それぞれ。だからどんな形であれ、双方が納得してつきあっているなら、それは仕方ないということになってしまうのよね」

「でも、私はこんなことしたくないんです。まわりみんなを傷つけて、だからといって相手に大切にされている実感もない。

これまでつきあった男性だってみんな、ちょっと若い子がなびいてくるから嬉しくてつきあっていただけで、自分の家庭を犠牲にしてまで私のことを愛し抜く気持ちなんかなかったんです。それでもいいって私が言うと、私がそこまで自分に夢中になっているということに酔いしれて横柄になってしまうんですよね、きっと。だから、どんなに尽くしても舐《な》められるんです」

私は、彼女の言葉をただ聞き続けます。

彩香さんは、言葉では「全部わかっている」と言っています。

でも、それは理屈で知っているということだけ。彼女の潜在意識が親に愛されなかった自分を許していないことを、顕在意識の自分は認めようとしていません。言葉でわかっていると言いながら、潜在意識はわかることを拒んでいるのです。

だから、まるで自分を傷つけるような恋愛を繰り返してしまう。

同時に、父親と同じ年代の男性に復讐しながら、自分がほんとうに欲しかった愛情の代わりに、その人からの約束を手に入れようとしています。でも、それも手に入れられないことはわかっている。

すべてが「でも、でも」と否定で続いていく、問題の根源は自分にあるのに、話していくうちに結局、主題は『愛してくれない相手』になっています。

過去への激しい抵抗があるうちは「そのとき」ではない

「彩香さんは、ご自身の過去の傷から今の自分があるのだとわかっていると言われましたね。それを癒すためには、やっぱり過去に一度立ち戻って、問題の根本、特にお父様への思いと向かい合う必要があると思いますか？」

私が切り出すと、激しい拒否反応が返ってきました。

「私にはもう父はいないんです。それをしたら母が傷つくことはわかっています。あんなにつらい思いをして私を育ててくれた母を裏切ることはできません」

なるほど。それを受け入れるにはまだ早いのかもしれない。

私は話題を変えました。

「結婚したいですか？」

と尋ねると、

「そりゃあ、いつかはしたいです。今の相手じゃなくても、うちの父みたいな人じゃなくて、ちゃんと私を、私と子どもだけを愛してくれる人と。でも、きっと無理なんでしょうね。こんな家庭で育った女の子は、やっぱり母と同じ道を歩んでしまうんでしょうね」

という答えが返ってきます。

「今の彼との結婚は？」

「向こうにその気がないと思います。いくら私が結婚を望んでも、相手がそうだと無理ですよね」

「あなた自身の気持ちは？」

「……本当のことを言うと、わからないんです。でも、彼から誘いのメールが入るとすごく嬉しくて、他の約束をドタキャンしても飛んでいきます。彼は奥さんがしっかり家計を握っていて自由になるお金が少ないから、私がデート代を出すこともよくあります。

もちろん、ダメダメなのはわかってるんです。でも若いくらいしか取り柄のない私とつきあってくれる人って、彼みたいなおじさんしかいないんです」

自己肯定感の低い人は、自分をダメだと思っているので共依存になりやすい傾向があります。相手に従っている自分に安心してしまうところがあるからです。「お前はダメだ」と言ってくれる相手や、自分がダメだと確認できる相手を好きになりがちなのは、そんなダメな自分と一緒にいてくれるこの人が素晴らしく感じるからです。

そういう心のメカニズムを、まず頭で知識として理解するところから始めることにしました。

それと並行して、私は何度かのセッションの間に「運命の脚本」について、彩香さんにお話ししました。少しずつ、受け入れてもらえるように噛み砕いて。

反発もありました。「運命の脚本」について考えると、人生でいちばんつらかった小学校1年生の入学式に立ち戻らないわけにいかないからです。彩香さんにとってはかなり高いハードルなのです。

でも、とにかく彼女は私のカウンセリングに定期的に通い続けました。

つらい現実に向き合うことになっても「母と話してみます」

そうして、彩香さんの意識が不倫相手の男性たちから自分の心に向かったとき、私は再び提案してみました。

「彩香さんがほんとうに今の恋愛も含めて、自分の恋愛パターンから抜け出したいと思うなら、もう一度小学校の入学式に戻って、そのときのご自分が書いた『運命の脚本』を検証して、あらためて書き直すのもいいかもしれませんね。

それは、これまで彩香さんが信じてきた先入観を否定するものかもしれません。つらい現実を突きつけられるものかもしれません。

それでも、この脚本を書いたときの自分に立ち戻って、過去の自分を受け入れ、許すことが、もしかしたらあなたの心のクセを修正する近道になるかもしれませんよ」

彩香さんは頷《うなず》きました。

「そうですね。よくわかりました。やっぱり私の心にずっと引っかかっているのは、父のことですもんね。あの日のことはもうずっと記憶の向こうに追いやって、できるだけ思い出さないようにしていましたが、もう一度正面から向き合ってみます」

「そうですね。ではそのために、ご自分でできそうなことはありますか？」

彩香さんはしばらく考えてから言いました。

「母と話してみます。

母は離婚してから、私に一言も父の話をしませんでした。私もその話は母を傷つけることになるんじゃないかと聞くことができませんでした。でも、もうそろそろいいのかもしれません。母だって離婚から今まで、過去の傷に苦しんでばかりいたわけではないですよね。

私もとっくに大人になって、あと何年かしたらあの頃の母の年齢になります。いつまでも耳をふさいでいないで、しっかり受け止めなくちゃダメですよね」

新しい脚本に書きかえて生まれ変わる

次のカウンセリングの日、彩香さんはまるで生まれ変わったように晴れやかな表情で現れました。

「先日、母を誘って外食したときに、ゆっくり話しました。切り出すのは少し怖かったけど、結局、店を3軒はしごして明け方まで話し込んでいました。考えてみたら、母と飲むのは初めてだったんです。お互いいい大人なんだなとあらためて思いました。

母は私に、離婚後の思いを初めて腹を割って話してくれました」

そう言って彩香さんは、お母さんから聞かされた、小学校の入学式前後に起こったことを話し始めました。

好きな人ができて離婚を切り出したお父さんですが、彩香さんのことを考えてなかなか家を出ていくことができずにいました。そんなお父さんにお母さんは「未練がましい」と腹を立て、自分に愛情を持てなくなったのならさっさと出ていってほしいと、なかば追い出すように離婚したのだそうです。

「せめて入学式には参列したい」というお父さんの希望で、最後に一緒に家族写真を撮って、彩香さんのランドセル姿を見たあと、お父さんは家を出ました。

その後もお父さんは仕送りを続けて、ことあるごとにお母さんに彩香さんのことを聞いてきました。彩香さんが短大に行く学費もお父さんが出したのです。

けれどもお母さんは、お父さんに彩香さんを取られることを恐れるあまり、決して彩香さんに会わせようとしませんでした。もちろん、面会権はお父さんにもありましたが、他の女性を好きになって離婚した自分が娘に会う権利はないと、強くは要求しなかったのだそうです。

「ごめんね、あなたからお父さんを取り上げたのは私なの。でも、彩香がいたから、私はがんばることができた。だから絶対にお父さんに奪われたくなかった」

お母さんは涙を流して謝りました。

そんなことはもうどうでもいいと彩香さんは思いました。

お父さんもお母さんも、それぞれに私のことを愛してくれていたんだ。

それだけで、もう胸は一杯でした。

「『大切なのは、過去のすべてを受け入れ、許すこと』とマリさんは言われました。かわいそうに、言いたいことを言えずにずっと心にしまい込んで、一生懸命理解ある娘のふりをして、ガマンしていた小さい私のことを、心から抱きしめてあげたい気持ちです」


彩香さんの心からの告白を聞いて、私も胸が一杯になりました。

生きている限り、誰もが傷つきます。

幼い頃に一生懸命書き上げた「運命の脚本」は、大人になってから見れば粗だらけの稚拙《ちせつ》なものかもしれません。それでも、自分を守るため、生きていくため、知恵を振り絞って作った人生プランなのです。

幼いときの「私」を抱きしめてあげましょう。

「よくがんばったね。

ありがとう。

ボロボロになったその脚本は今の私が書きかえて、しあわせになるからね」と優しく声をかけてあげましょう。

今のあなたが笑顔になれば、きっと、心の中の「小さいあなた」も笑ってくれるはずです。

あとがき

しあわせとは、誰かに「してもらう」ものではなく、自分で「なる」もの。

私は、人間に与えられた、たった一つの使命は「自分をしあわせにすること」だと思っています。

そのカギは、あなたの中にいる「ほんとうの自分」が握っています。


あなたは、ほんとうは誰でしょう？

生いたちがどうとか、学歴がどうとか、誰と結婚したかとか、そんなことではありません。

もちろん、名刺の肩書きでもありません。

あなたは誰でしょう？　なりたい自分になっていますか？

あなたは今、しあわせですか？

「ほんとうの自分」は、何と答えるでしょう。

三宅マリ

セラピスト、1969年生まれ、神戸在住。日露戦争当時の海軍大臣として日本軍を勝利に導き、その後、政治家として日本を近代国家として築き上げた、第16・22代内閣総理大臣山本権兵衛の玄孫(やしゃご)。権兵衛の初孫である、マリの祖母・輝は、40歳にして突如、失明という苦難を乗り越えるなかで、〝目に見えない偉大な存在〟を確信し、その半生を福祉活動や青少年育成に捧げた。

幼い頃から祖母に学び「生きるとは何か」「自分とは何か」と、人間の本質に興味を抱き、10代より全日本カウンセリング協会議会理事、六浦基氏に師事。その後、社会生活や子育てなどを通して体験的に学び、心理学知識で裏付けた独自の視点で、エッセイの執筆や講演活動を行う。

「胎内記憶」の第一人者である池川明氏とのトークセミナー、七田チャイルドアカデミー特別顧問七田厚氏とのトークセミナー、コラボレーションセミナー、起業セミナーなど多数行っている。

あなたをぐんぐんしあわせに導く

運命の脚本の書きかえ方

2017年10月10日　第1刷発行

著　者　三宅マリ
発行人　見城 徹
編集人　福島広司

発行所　株式会社 幻冬舎
〒151-0051　東京都渋谷区千駄ヶ谷4-9-7
電話　03(5411)6211(編集)
03(5411)6222(営業)
振替　00120-8-767643
印刷・製本所　図書印刷株式会社

検印廃止

ISBN978-4-344-03191-3　C0095
幻冬舎ホームページアドレス　http://www.gentosha.co.jp/

この本に関するご意見・ご感想をメールでお寄せいただく場合は、
comment@gentosha.co.jpまで。